ZU DIESEM BUCH

In einer Gesellschaft, die zunehmend von Funktionalismus
und überzogenem Rationalismus geprägt ist, bleiben
elementarste menschliche Bedürfnisse auf der Strecke.
Leidenschaftslosigkeit und unterdrückte Emotionen machen
die Menschen regelrecht krank.
Neben einer klaren und verständlichen Darstellung
komplizierter emotionaler Zusammenhänge und Regungen
hält der Autor ein beherztes, um nicht zu sagen
leidenschaftliches Plädoyer für mehr Leidenschaft.
Unter Berufung auf Psychologie, Psychoanalyse und
Philosophie stellt Peter Kutter sowohl theoretische Konzepte
als auch praktische Hilfen zusammen, um die «Entfremdung»
der Menschen von ihren eigenen Gefühlen rückgängig zu
machen.

Peter Kutter, Dr. med., Jahrgang 1930, lehrt Psychoanalyse im
Fachbereich Psychologie der Universität Frankfurt
am Main. Er ist Lehr- und Kontrollanalytiker der deutschen
psychoanalytischen Vereinigung. Seine zahlreichen
Publikationen befassen sich mit Psychoanalyse,
Gruppenpsychotherapie und Psychosomatik.

PETER KUTTER

Leidenschaften

EINE PSYCHOANALYSE
DER GEFÜHLE

 **ROWOHLT**

Dieses Buch ging aus 11 Rundfunkvorträgen im Süddeutschen Rundfunk
Stuttgart hervor und erschien bereits 1978 unter dem Titel
«Die menschlichen Leidenschaften» beim Kreuz Verlag, Stuttgart.
Der Autor hat den Text für die vorliegende Taschenbuchausgabe
überarbeitet.

Umschlaggestaltung Nina Rothfos
(Foto: Wingate Paine aus dem Band
«Mirror of Venus»)

Veröffentlicht im Rowohlt Taschenbuch Verlag GmbH,
Reinbek bei Hamburg, März 1989
Copyright © 1989 by Rowohlt Taschenbuch Verlag GmbH,
Reinbek bei Hamburg
Satz Garamond (Linotron 202)
Gesamtherstellung Clausen & Bosse, Leck
Printed in Germany
880-ISBN 3 499 18485 0

Leidenschaften

INHALT

EINLEITUNG

Die Ziele dieses Buches sind:
Erstens: zu einer Theorie der Leidenschaft beizutragen, zu einer Psychologie der Leidenschaft.
Zweitens: praktische Hilfen für die Bewältigung von Daseinsproblemen zu vermitteln. Das heißt vor allem: Selbsterfahrung und Betroffensein auszulösen, um die «Entfremdung» des Menschen von seinen eigenen Gefühlen so weit wie möglich rückgängig zu machen, mag dies auch im Sinne Ciceros «perturbationes animi», also vorübergehende «Verwirrungen» hervorrufen. Dies ist bei den Themen dieses Buches gar nicht anders möglich. Sie lassen uns nicht unbeteiligt. Es geht um Gefühl, Affekt und Emotion. Es geht um das komplizierte Verhältnis von Leidenschaft, Moral und Vernunft, um Haß, Zorn, Wut und Groll, um Rache und Terror, um Liebe und Erotik sowie um Liebe als *leidenschaftlichen Dialog*. Unsere Überlegungen drehen sich ferner um Eifersucht, um Neid, um Habsucht, Herrschsucht und Ehrsucht, um Gier, Neugier und Begeisterung und schließlich um die *Hoffnung auf eine neue Leidenschaftlichkeit*.
Zu jedem dieser Themen gebe ich einen allgemeinen Überblick über das, was die einzelnen Wissenschaften dazu beitragen können. Psychologie, Psychoanalyse und Philosophie werden hierbei herangezogen. Ich werde vieles Bekannte wiederholen, aber auch da und dort neue Akzente setzen. Sie sind in den genannten Stichworten, die fast alle Reizworte sind, schon angedeutet. Ich werde dabei nicht in Irrationalismus abgleiten, sondern mich auf dem Boden der Wissenschaft hal-

ten, wenn ich auch hier und da, gerade bei der Erörterung der menschlichen Leidenschaften, an die Grenzen der Wissenschaftlichkeit gerate; sagte doch Blaise Pascal in seinen Pensées: «Das Herz» – und statt «Herz» können wir auch «Leidenschaft» sagen – «hat ein Verstehen, das der Verstand nicht kennt.»

Bei Pascal geht es um die Beziehung zu Gott. Mir geht es als Psychoanalytiker um die Beziehung zu uns selbst und zu unseren Mitmenschen. Und diese Beziehungen sind immer affektive Beziehungen, Gefühlsbeziehungen, leidenschaftliche Beziehungen. Störungen unseres Gefühlslebens sollen beseitigt, verdrängte Affekte befreit und schlummernde Leidenschaften im Sinne einer *Re-Emotionalisierung* wiederbelebt werden. Wo keine sind, müssen sie über eine *primäre Emotionalisierung* erst «konstituiert», das heißt: aus ihren Quellen, den Trieben, gegründet, erschaffen werden. Dann werden Leidenschaften zu Kräften, die uns eine Unruhe bescheren, die heilsam ist, die uns Antwort gibt auf die Fragen unseres Menschseins, und die Verbindungen knüpfen zwischen Menschen.

Es gilt, die Sprache unserer Gefühle, Affekte und Leidenschaften, die uns niemand lehrte, wiederzuentdecken oder erst neu zu erfinden. Diesem Ziel sind die folgenden Kapitel gewidmet.

Mensch ohne
Leidenschaft

PHÄNOMENOLOGIE EINER LEIDENSCHAFTS- LOSEN GESELLSCHAFT

Unsere heutige moderne Welt ist eine komplizierte Welt: Die politischen Probleme zwischen Ost und West, zwischen Nord und Süd sind schwierig geworden. Die wirtschaftliche Situation ist mit Geldentwertung, Arbeitslosigkeit und hohen Sozialleistungen belastet. Die Energievorräte gehen zur Neige, Atomkraft oder Kernenergie sind umstritten. Die Bildungsreform ist angesichts des demographischen Phänomens der geburtenstarken Jahrgänge gescheitert. Die Versorgung im Gesundheitswesen ist bei der Kostenexplosion für Krankenbehandlung und Rehabilitation kaum noch zu steuern. Insgesamt stehen wir gesellschaftlich im Hinblick auf die rasante Zunahme der Bevölkerung insbesondere in den Ballungsräumen vor noch nie dagewesenen Aufgaben. Politiker und Wirtschaftsexperten bemühen sich unter Einsatz eines Managements mit Funktionären, Sachverständigen und Beratern um Lösungen: Krisenstäbe werden gebildet. Komplizierte Berechnungen mit Hilfe elektronischer Datenverarbeitung sind zur besseren Erfassung der wirtschaftlichen, politischen und sozialen Prozesse notwendig geworden.

Das Ziel ist es, unter Nutzung technischer Apparaturen diese Prozesse unter Kontrolle zu bekommen, sie rational zu beherrschen und zu steuern. Das Ergebnis ist die *Technokratie*, das heißt die Herrschaft der Technik, in der ausschließlich der technische Fortschritt Wirtschaft und Politik bestimmt.

Der *Mensch* hat in einer derart technokratischen Welt keinen Platz mehr. Er wird vielfach schlicht durch Apparate ersetzt.

Wird er noch als Mensch gebraucht, dann muß er wie ein Apparat funktionieren. Daß er Bedürfnisse, Gefühle und Wünsche hat, ist in einer solchen Welt nicht vorgesehen. *Gefühle* gelten als Gefühlsduselei. *Leidenschaften* sind Anachronismen. Die Zeit der Romantik ist vergangen. Selbst in der Freizeit herrscht die industrielle, durch Reisebüros vorfabrizierte Fertigung, der sich die menschlichen Bedürfnisse unterwerfen müssen.

Die gesellschaftliche Situation spiegelt sich wider in der Gegenwartsliteratur: Sachbücher mit sozialpolitischen Fragestellungen sind monatelang «Bestseller». Die Reiseliteratur ist unübersehbar, Kurzgeschichten und Essays sind die vorherrschenden literarischen Formen. Geht es in dieser Literatur um *Gefühle*, dann sind sie desillusionierender Art. Sie werden über Fortsetzungen in Illustrierten konsumiert und danach einfach weggeworfen. Daß Menschen auch anders leben könnten, haben wir vergessen: geschüttelt von *Leidenschaften*, verstrickt in gegenseitigen Haß, der die Menschen nicht nur tage-, sondern monate-, ja jahrelang verfolgt; ergriffen von schmachtender Liebe, gequält von Eifersucht, gelb vor Neid, blind vor Wut, besinnungslos in der Hingabe, erbarmungslos in der Rache.

Daß Menschen so leben können, ist überliefert: in Dramen, Romanen, Epen. Die griechischen Mythen und Tragödien bezeugen es, desgleichen die Literatur der Romantik, die des 19. Jahrhunderts. Romane wie Goethes «Die Leiden des jungen Werther» spiegeln ebenso die Gefühle jener Zeit wider, wie sie die Gefühle der lesenden Menschen identifikatorisch beeindruckten. Gefühle beherrschten die Menschen, Leidenschaften steuerten sie. Gäbe es eine Gefühl und Leidenschaft entsprechende Herrschaftsform, man könnte von *Passiokratie* sprechen, das heißt: Herrschaft der Leidenschaft.

Unsere heutige Welt ist dagegen eine leidenschaftslose Welt, eine Welt *ohne Leidenschaft*. Aber stimmt denn diese These? Oberflächlich betrachtet, ja. Schauen wir aber genauer hin, so sind eine ganze Reihe gesellschaftlicher Phänomene nicht zu übersehen, die als Symptome einer «kranken» Gesellschaft imponieren: Erscheinungen von *Terror* halten die Welt wochenlang in Atem. Die *Drogenwelle* mit ihrer Entwicklung von «leichten» zu «harten» Drogen erfaßt immer jüngere Altersgruppen, quer durch alle Schichten. Dabei sind diese gesellschaftlichen Erscheinungen nur Extremvarianten einer weit mehr verbreiteten Unruhe: Diese Unruhe ist als *Studentenbewegung* mit ihren Höhepunkten 1967 und 1968, gefolgt von einer ganzen Reihe von Reformen an den Universitäten, bei Hochschulrahmengesetz und Regelstudienzeit, nicht abgeklungen. Die *Frauenbewegung* erprobt neue Formen des Zusammenlebens. Sie hilft den Frauen, bislang unterdrückte Lebensmöglichkeiten zu realisieren, und zwingt die Männer, ohne die Möglichkeit, ihre Probleme auf Frauen abzulenken, ihre Situation und ihr bisheriges Verhalten neu zu überdenken. In zahllosen *Initiativen*, vorwiegend in Studentenkreisen, bemüht man sich um neue Formen der Erziehung, Sozialisation genannt, als Einübung in eine neu konzipierte Gesellschaft.

Rekapitulieren wir die kurze Geschichte der Studentenbewegung: Stichworte wie «antiautoritäre Erziehung», «große Weigerung», Kampf gegen «Bourgeoisie», «Establishment» und «herrschende Ordnung», Befreiung von «Herrschaft», «Entfremdung» und «Fremdbestimmung» kennzeichneten die «permanente» Diskussion. Kinderläden, «Go-ins», «Teach-ins» und Demonstrationen, im Studentenjargon kurz «Demos» genannt, waren die Charakteristika ihrer Aktionen. Die jungen Menschen engagierten sich leidenschaftlich, sie kämpften für eine allgemeine Politisierung des Studiums, sie riskierten Strafverfahren, sie verausgabten sich in *Initiativgruppen* mit von der Gesellschaft im Stich gelassenen Heimkindern, Obdachlosen und Geisteskranken, und sie solidarisierten sich mit den Unterdrückten, Bedrohten, Verlassenen, Schwachen.

Diesem Engagement folgte tiefe Enttäuschung, ohnmächtige Wut, weil sich die Gesellschaft nicht so schnell verändern ließ, wie es in Vollversammlungen rasch beschlossene Resolutionen und Forderungen an die Politiker vorsahen. Die Mobilisierung der Massen und der allgemeine Umsturz blieben aus. Resignation machte sich breit. Der Sozialistische Deutsche Studentenbund wurde aufgelöst. Zahlreiche, sich untereinander befehdende Gruppen, nur noch zu leeren Aktionen fähig, sind das Ende des gleichermaßen politischen wie leidenschaftlichen Aufbegehrens gegen die herrschenden Verhältnisse – ein trauriges Resultat.

Die Technokratie trägt den Sieg davon: Prüfungsordnungen und Studienpläne regeln bald die Studienzeit, auf Semesterwochenstunden genau. Die Zeit des Studium generale und leidenschaftlicher Diskussionen ist vorbei, das Humboldtsche Bildungsideal ist dahin. Die Technokratie hat nicht nur die Ingenieurwissenschaften, die Naturwissenschaften und die Medizin ergriffen, sie hält auch in den Geisteswissenschaften Einzug: Aus der *Psychologie*, der Lehre von der Seele, scheinen Leidenschaften und Gefühle verbannt. Statt dessen herrschen dort das naturwissenschaftlich exakte Experiment, die Statistik und mathematische Gesetzmäßigkeiten. Selbst die *Psychoanalyse* blieb von dieser Entwicklung nicht verschont: Nicht mehr langjährige Analysen mit vier und fünf Stunden pro Woche beherrschen die Szene, sondern vielfältige Anwendungsformen von Psychoanalyse in Gruppe, Klinik, Politik, Sozialarbeit und Pädagogik beschäftigen die Psychoanalytiker. Ihre Theorie erscheint vielen zu abstrakt, zu fern vom Puls des Lebens und ohne Bezug zu Gefühl und Leidenschaft. Als Reaktion darauf entstehen sogenannte «neue Therapien» wie die «Primärtherapie», in der tief verdrängter Schmerz erstmals mobilisiert werden soll, und die «Gesprächspsychotherapie», in der versucht wird, Gefühle zu fühlen und zu benennen. Diese neuen Verfahren drohen die klassische Psychoanalyse zu ersetzen.

Eine neue Literatur sucht im Gegenzug den von Hermann Hesse begangenen «Weg nach Innen» wiederzubeleben. Dokumentarliteratur wie Erika Runges «Bottroper Protokolle» und Günter Wallraffs «Dreizehn unerwünschte Reportagen» der sechziger Jahre sind durch Bücher wie zum Beispiel Wolfgang Koeppens autobiographischen Roman «Jugend» und Thomas Bernhards «Die Ursache» und «Der Keller» abgelöst. Karin Struck schreibt über «Klassenliebe», «Mutter» und «Lieben».

Waren die Schriftsteller früher in Gefahr, in den Dienst von linken Ideologen gestellt zu werden, so führen sie heute diese in eine neue Innerlichkeit. Man schaut nach innen, wie die Psychoanalytiker, in die eigene Seele. Man fühlt sich in den anderen ein. Man sucht auf diese Weise nach Liebe, nach Zärtlichkeit und nach den verlorengegangenen Gefühlen. Dies sind die ersten tastenden Versuche der Überwindung einer leidenschaftslos technokratischen Welt; Vorarbeiten in Richtung auf ein von Gefühl und Leidenschaft erfülltes Leben.

Wir gingen aus vom Menschen ohne Leidenschaft in einer Welt ohne Leidenschaft: Sie ist gekennzeichnet durch Technik, Krisenmanagement und ein System gegenseitiger Kontrollen. Die Technokratie bestimmt unser Leben, beeinflußt Kunst und Wissenschaft und macht auch vor Psychologie und Psychoanalyse nicht halt. Wir sprachen von den Symptomen einer «kranken» Gesellschaft: mit Kampf *gegen* diese Gesellschaft bis zu Terror oder Flucht *aus* der Gesellschaft in die Drogenabhängigkeit. Wir erlebten in der Studentenbewegung leidenschaftliche Ausbrüche einer theoretisch von neomarxistischen Ideen getragenen Veränderungspraxis und fanden in der neuen Literatur ein zunehmendes Suchen nach dem einzelnen Menschen, nach seinen Gefühlen, nach seinem Innenleben.

Wir sind kaum noch zu spontanen Gefühlsäußerungen fähig. Auf die Sekunde genau leisten wir klar nach Uhrzeit geregelt unsere tägliche Arbeit. Dabei steht nicht nur der Arbeiter am

Fließband unter dem Diktat entfremdeter Tätigkeit, auch der Angestellte und der Chef sind Sachzwängen untergeordnet, die ihnen kaum noch eine persönliche Freiheit lassen, wie sie ihnen im Grundgesetz garantiert ist. Selbst der Freiraum Freizeit ist vorprogrammiert: Sehenswürdigkeiten werden wie am Fließband konsumiert, fotografiert und im Reiseführer abgehakt. Für neue, auflockernde Erlebnisse, leidenschaftliche Begegnungen bleibt keine Zeit.

Wundert es uns da, wenn die Persönlichkeit des Menschen zum «*Charakterpanzer*» erstarrt ist, *innerlich* durch dieselben Zwänge eingeengt, die den Menschen *äußerlich* beherrschen, wenn er, als «*autoritärer Charakter*», zwar selbst autoritätsgebunden, aber autoritär andere unterdrückt und, anstatt freigiebig, unordentlich und ungebunden leben zu können, sparsam, ordentlich und pünktlich handeln muß?! Solche Menschen haben keinen Zugang zu ihrem Gefühlsleben. Sie sind gefühllos, leidenschaftslos. Sie entscheiden rational, denken pragmatisch und funktionieren dabei äußerlich einwandfrei. Sie leisten das, was die Gesellschaft fordert: Mensch ohne Leidenschaft in einer Welt ohne Leidenschaft.

Was früher die Psychiatrie als gefühllosen, gemütslosen Psychopathen beschrieb, ist heute eine allgemeine, weit verbreitete «*Zivilisationsmarionette*». Derartige Menschen sind kaum fähig zu lieben. Sie sind nicht imstande, dauerhafte und tiefere affektive Bindungen einzugehen. Sie brechen Beziehungen leichten Herzens ab, Gefühle der Treue oder der Dankbarkeit, der Schuld oder der Trauer sind ihnen fremd, sie wirken kalt und herzlos.

Menschen mit psychosomatischen Krankheiten wie zum Beispiel Magengeschwür, Bluthochdruck und Asthma bronchiale leiden an «*Alexithymie*». Bei diesem Fachausdruck bedeutet «A» Mangel, «lexis» Wort und «thymos» Gefühl. Diese Menschen haben nicht nur keine Worte für ihre Gefühle, sie können sie überhaupt nicht wahrnehmen. Ihre körperliche Erlebnisfähigkeit und damit ihr ganzes Menschsein ist gestört. Sie

sind kaum fähig zu fühlen, sind gefühlsarm, gefühlsleer. Das heißt immer auch: beziehungslos und beziehungsarm. Dies bedeutet wiederum: Die Beziehung zu anderen Menschen, aber auch die zum eigenen Körper, zur eigenen Leiblichkeit ist gestört. Dabei müssen solche Menschen nicht unbedingt allein sein. Sie arbeiten und teilen ihr Leben mit anderen, sie schlafen mit anderen und fühlen doch nichts dabei. Die nordamerikanischen Forscher Nemiah und Sifneos charakterisieren sie folgendermaßen: 1. Die gefühlhaften Wahrnehmungen sind vermindert. Diese Menschen haben keine Antenne für ihre eigenen Gefühle, Emotionen werden geradezu gemieden, ausgespart. Gleichzeitig sind die zwischenmenschlichen Kontakte eingeschränkt. 2. Dem Denken fehlt es an Phantasie. Der Gedankengang ist einförmig, der Wortschatz verarmt. Man spricht von einer sogenannten pragmatisch-instrumentellen oder de-vitalen Sprache. Nach den französischen Psychoanalytikern Marty und De M'uzan weisen sie das Phänomen der *«Pensée operatoire»* auf, das heißt: ein konkretistisch operationales, mechanistisches Denken. 3. Die Wahrnehmungsfähigkeit ist durch die sogenannte «projektive Reduplikation» oder projektive Verdoppelung verzerrt, das heißt: ein solcher Mensch sieht im andern nur sich selbst, genauso gefühlsarm und -leer wie er selbst.
Ob die Gefühle nun verdrängt oder verleugnet sind, oder ob sie im Sinne eines Mangels oder Defektes gänzlich fehlen, ist eine noch offene Frage. Klar ist aber, daß diese Störungen Reaktionen sind auf Hilflosigkeit, Ohnmacht, Hoffnungslosigkeit; auf Situationen, denen diese Menschen schon als Kind besonders ausgesetzt waren und die sie als Erwachsene in ähnlicher Lage wieder erleben. Unklar ist wiederum, ob diese Phänomene etwa auf eine Unfähigkeit der interviewenden Psychiater und Psychoanalytiker zurückzuführen, ob sie womöglich nur Auswirkungen der äußeren Umgebung während des Gesprächs, oder ob sie eventuell ausschließlich auf Angehörige der Unterschicht beschränkt sind, wie der Freiburger

Psychoanalytiker Johannes Cremerius vermutet. Ich persönlich bin – aus Erfahrungen in Analysen von Arbeiterkindern – im Gegenteil der Meinung, daß Angehörige der sogenannten Unterschicht ihre Gefühle sogar viel direkter und unmittelbarer ausdrücken: in Form von Wutausbrüchen, leidenschaftlicher Zärtlichkeit und handgreiflichen Tätlichkeiten. Mir scheint viel eher die klassisch bürgerliche Erziehung mit ihren frühen Ermahnungen wie zum Beispiel «beherrsch dich» oder «du wirst doch nicht etwa weinen» dazu angetan zu sein, daß alle Gefühle früh unterdrückt werden.

Ich behandelte einmal eine achtundzwanzigjährige Lehrerin, überzeugte Kommunistin und sehr aktiv bei politischen Aktionen, Demonstrationen, in Frauengruppen und in der Partei. Ihr Vater war Arbeiter. Er hatte nur die Volksschule besucht, war oft arbeitslos und war unfähig, seine Aufgabe als Partner seiner Frau, seine Rolle als Vater seiner Tochter zu übernehmen. Er suchte in der vital sich entwickelnden Tochter leidenschaftlich Ersatz für die mangelnde Liebe seiner kühlen, herzlosen Frau, Mutter der Patientin. Diese, irritiert angesichts des leidenschaftlichen väterlichen Begehrens, wehrte sich aus Angst vor Inzest und brauchte doch diese sie wenigstens bejahende väterliche Liebe. Hin- und hergerissen zwischen Wunsch und Angst, verdrängte sie diese Gefühle, um nur noch, wie ihre «bürgerlichen» Klassenkameradinnen, intellektuelle Ziele zu verfolgen. Denkstörungen beim Arbeiten, eine zunehmende Konfusion über sich selbst und ihre Beziehungen, verbunden mit unkontrollierten Affektausbrüchen, waren die Folge. Im Erstgespräch zeigte sich hinter einer Fassade von Intellektualität eine ursprüngliche Vitalität, die nur deswegen nicht ausgelebt werden konnte, weil sie unbewußt Tod der lieblosen Mutter und Inzest mit dem unbefriedigten Vater bedeutet hätte. Sie wurde im Laufe der achtzig Stunden umfassenden konzentrierten Psychotherapie in der Übertragung auf den Analytiker wiederbelebt. Dabei stellte dieser in der Übertragung ebenso den unbefriedigten, aber verführerischen und deswegen sehr gefährlichen Vater dar wie die lieblose, kalte Mutter. Die verdrängten leidenschaftlichen Affekte in der Beziehung zu ihrem Arbeiter-Vater wurden in den aktuellen Beziehungen zum Freund und zu Freundinnen heftigst ausgelebt. Sie schrie, schlug und weinte viel. Sie drohte sich umzubringen. Sie verschlang den Vater mit ihren Ansprüchen. Haß, Rache und eine besitzergreifende Liebe weckten Todesängste, Angst vor Strafe, Angst vor Trennung und Isolation, Angst vor Ich-Verlust.

Alle diese entfesselten Leidenschaften konnten auf abgewehrte Beziehungen zu Vater (und Mutter) zurückgeführt und im nachhinein ins Ich integriert werden, gefolgt von neugewonnener Integrität der Persönlichkeit, verbunden mit einer kontrollierten Emotionalität, die die zwischenmenschlichen Beziehungen bereicherte und die Arbeit der Patientin als Lehrerin mit den Kindern in der Schule zur Freude machte.

Ein anderes Fallbeispiel für die starke Emotionalität eines Arbeiters lernte ich bei einem dreißigjährigen Schlosser der Bundesbahn kennen. Sein Vater war Rohrarbeiter in einer Schmiede und sprach reichlich dem Alkohol zu. Im Rausch konnte er äußerst wütend werden. In der Wut war er ein ganz anderer Mensch als sonst: entschieden in seiner politischen Meinung, voller Tatendrang und überzeugend in seiner geistigen Argumentation über Gott und die Welt. Sonst verhielt er sich äußerst zurückhaltend, gehorchte den Vorgesetzten aufs Wort und war insgesamt in seiner Ausdrucksfähigkeit eingeschränkt. Genauso war es mit dem Sohn, einem Patienten. Dieser schämte sich, orientiert an den bürgerlichen Normen, seines Vaters, wenn dieser wütend war. Im Laufe einer dreißig Stunden umfassenden psychoanalytisch orientierten Psychotherapie lernte er diese Wut als positiven Wert schätzen, entdeckte sie in sich und konnte sie in gesunde Leistungsfähigkeit umlenken. Er bildete sich weiter und wurde schließlich Heilpraktiker.

Eine fünfunddreißigjährige Frau, deren Eltern in sehr beengten Verhältnissen, der Vater als Tagelöhner, die Mutter als Magd, in der Landwirtschaft tätig waren, erfuhr schon in früher Kindheit, was es heißt, «unnützer Esser», also unerwünscht zu sein. Über ein Internat lernte sie die große, weite Welt kennen, studierte schließlich, scheiterte aber in der Prüfung an der früh anerzogenen Bereitschaft zur Unterwerfung – auch in ihren Beziehungen zu Männern. Sie folgte nicht dem eigenen Gefühl, sondern übernahm die Einschätzung der Männer, für die sie nur Sexualobjekt war, und stand sich damit selbst im Wege. Im Laufe einer Psychoanalyse entdeckte sie ihr bislang unterdrücktes reiches Gefühlsleben, verliebte sich, bejahte ihre sexuellen Wünsche, ihre Liebe und Leidenschaftlichkeit. Jetzt waren es die sonst selbstsicher wirkenden gebildeten Männer in höheren Kreisen, die vor *ihr* Angst hatten, vor ihrer ungebrochenen Emotionalität unsicher wurden und sich, erschreckt von der Entschiedenheit und Leidenschaftlichkeit dieser Frau, auf sich selbst zurückzogen.

Dies sind die Ausnahmen in unserer heutigen Welt. Die Regel ist es, daß Gefühl, Emotionalität und Leidenschaften unter der herrschenden Norm abgewertet, damit abgewehrt und den Menschen unzugänglich sind.

Kein Wunder, daß das Phänomen des Menschen ohne Leidenschaft in der Medizin, speziell der psychosomatischen Medizin, zum Problem geworden ist. Man spricht vom *«Pinocchio-Syndrom»* in Erinnerung an Pinocchio, den Hampelmann mit einer Seele aus Holz. Jean Foudraine stellt in seinem Buch die Frage «Wer ist aus Holz?» und läßt keinen Zweifel daran, daß es oft der Arzt selbst ist und nicht der Patient. Wir müssen ihm zum Teil recht geben, denn – wir sagten es schon – die durch die Technokratie bedingten Sachzwänge haben auch die Medizin ergriffen: Für ein vertrautes Gespräch in ruhiger Atmosphäre fehlt einfach die Zeit. Statt dessen wird der Patient nach kurzem Freimachen des sogenannten «Kassendreiecks» rasch untersucht, innerhalb von fünf Minuten mit einem Rezept abgefertigt und ins Labor zur Blutentnahme geschickt, oder er wird zur weiteren Abklärung komplizierten Apparaturen unterworfen.

Die «Alexithymie», das heißt die Unfähigkeit, Gefühle wahrzunehmen und auszudrücken, trifft auch auf die Medizin selbst zu. Es ist vielfach eine «Medizin ohne Menschlichkeit», ohne Gefühl, ohne Leidenschaft, nicht selten sogar ohne Worte; gefördert durch die spezielle «Professionalisierung» des Arztes, im Präparierkurs, wo er den Umgang mit Leichen lernt, in der Physiologie, wo er Frösche enthauptet, oder in der Chirugie, in der ihm Menschen als Objekte in Narkose auf den Operationstisch geliefert werden. Wir sehen also, daß die technokratische Organisation unserer Gesellschaft die Menschen in Positionen zwingt, in denen sie gar nicht anders als gefühllos handeln können.

Es verwundert daher nicht, daß die Charakterstruktur von *uns allen* mehr oder weniger der entspricht, wie ich sie soeben als typisch für den psychosomatisch Kranken geschildert habe. Natürlich sind die Grade der Störung – quantitativ gesehen – verschieden. Wir müssen uns aber darüber im klaren sein, und dies sage ich hier unmißverständlich, daß *wir alle* unter den Bedingungen, unter denen wir leben müssen, mehr oder weniger als «gestört» bezeichnet werden müssen.

Diejenigen Menschen sind neurotisch, psychosomatisch oder psychotisch «krank», als Extremvarianten einer allgemeinen Erscheinung. Wenn unsereiner nicht wie der neurotisch, psychosomatisch oder psychotisch «Kranke» an bestimmten Symptomen leidet, so liegt dies daran, daß wir unter der kollektiven Verdrängung einer Welt ohne Leidenschaft gar nicht mehr merken, was uns eigentlich fehlt. Sigmund Freud hat in seinem Essay «Das Unbehagen in der Kultur» 1927 und schon früher in einem weniger beachteten kleinen Aufsatz (1908) «Über die kulturelle Sexualmoral und die moderne Nervosität» auf die Triebfeindlichkeit der herrschenden Gesellschaft hingewiesen. Triebfeindlichkeit heißt vor allem Abwertung von Gefühl, besonders dann, wenn es sich um intensive und langanhaltende Gefühle handelt, um Leidenschaften. Gefühl und Leidenschaft sind uns weitgehend verlorengegangen, ohne daß uns dies als Verlust, Defizit oder Mangel bewußt wäre. Wir funktionieren zwar äußerlich einwandfrei, obwohl unser Leben dabei vielfach stagniert und viele an innerer Leere und Langeweile, wenn schon nicht leiden, so doch eine Art Unbehagen empfinden.

Ursache ist die allgemeine Entwertung all dessen, was Leidenschaftlichkeit heißt, oder, umgekehrt formuliert, die Idealisierung der Leidenschaftslosigkeit, der Rationalität, der Technik. Machen wir uns aber nichts vor: Wir wissen aus der Psychoanalyse des Individuums, daß Abgewehrtes nicht ausgeschaltet und verschwunden ist. Unbewußt wirkt es dennoch weiter. Wir registrieren es an den Symptomen einer «kranken» Gesellschaft wie Terror- und Drogenwelle. Indikatoren für Spannungen in der Gesellschaft sind häufig die darauf sehr sensibel reagierenden Studenten unserer Hochschulen, die in ihren Reden und Schriften – im Prinzip in ähnlicher Weise wie Kinder einer «kranken» Familie – uns durch ihr Verhalten zeigen, oft ohne sich dessen eigens bewußt zu sein, *daß* Störungen in unserer Gesellschaft vorhanden sind. Es liegt dann an uns, diese Signale und Zeichen zu registrieren, um zu verstehen, um welche Art von Störungen es sich handelt, und um diese auf ihre Ursache hin zu untersuchen. Fragen wir also nach den Ursachen, und folgen wir dem entwicklungsgeschichtlichen Prinzip der Psychoanalyse, dann stellen wir fest, daß es vorzugsweise Erziehungseinflüsse sind, die uns zu dem haben werden lassen, was wir heute sind.

Es ist eine *Erziehung ohne Gefühl*, eine Erziehung ohne Einfühlung in das Kind, eine Erziehung, die zwar pädagogischen Regeln folgt und in der früh rational gelernt wird, in der die Kinder aber nicht lernen, mit ihren Gefühlen umzugehen. Es handelt sich um eine Sozialisation, in der, wie Alexander Mitscherlich es einmal nannte, nur «Sachbildung», nicht «Sozialbildung» geschweige denn «Affektbildung» oder, wie ich lieber sagen würde, «Herzensbildung» wesentlich sind. Dieser Mensch ohne Herzensbildung ist der Mensch ohne Leidenschaft. Und der Mensch ohne Sozialbildung ist der narzißtische, selbstbezogene Mensch, der beziehungslos unter seinen Mitmenschen in einer Massengesellschaft mehr funktioniert als lebt.

Wir sprechen von «antiautoritärem» oder «autoritärem» Erziehungsstil, von «elaboriertem» oder «restriktem» Sprachcode in der Erziehung. Wichtig bei all dem erscheint mir, ob unsere Erziehung gefühlsorientiert ist oder nicht. Und hier müssen wir feststellen, daß es ebenso in traditionellen Kindergärten wie in modernen Kindertagesstätten – in Frankfurt «Kitas» genannt – allerorts an Gefühl und Leidenschaft fehlt, besonders in sogenannten gebildeten Kreisen. Das Arbeiterkind ist hier oft besser dran – dies sage ich hier in bewußtem Kontrast gegenüber denen, die die Sozialisation des Arbeiterkindes grundsätzlich als «defizitär» bezeichnen. Nach meinen eigenen Erfahrungen – als Kind im Umgang mit Freunden aus einer Arbeitersiedlung und als Psychoanalytiker in den Analysen mit Patienten, die die Volksschule besucht haben und deren Eltern beide Arbeiter waren – weiß ich um die Vorzüge unverbildeter urtümlicher Gefühle, Affekte und Leidenschaften, die von Mittelschichtangehörigen als primitiv abgewertet werden, und um deren kreatives Potential.

Dem Arbeiterkind sind diese Kräfte unter der herrschenden Mittelschichtnorm, der es sich anzugleichen sucht, im allgemeinen verborgen. In Analysen werden diese Kräfte deswegen, weil der Analytiker als Mittelschichtangehöriger die allgemeine Abwertung dieser Impulse als primitiv teilt, in der Regel nicht wahrgenommen. Sie kommen dadurch nicht zum Tragen. Der Analytiker selbst muß also zuvor als eigene «Vorleistung» zum Gelingen des analytischen Prozesses eine «Umwertung» seiner eigenen Werte vornehmen, um die in seinen Patienten verborgenen Schätze heben zu können. Diese

Schätze äußern sich zunächst natürlich nicht gleich als kreative Leistung, sondern als blinder Haß oder kalte Wut, als gerechter Zorn oder rohe Gewalt, als scheue Zärtlichkeit oder heiße Leidenschaft. Diese Gefühle gilt es wahrzunehmen und *auszuhalten*. Dann können sie in einer von Bejahung der Leidenschaftlichkeit gekennzeichneten Atmosphäre langsam einer Integrierung zugeführt werden.

Warum aber ist unsere Erziehung so leidenschaftslos? Hier lautet die Antwort wiederum: Zunächst deswegen, weil unsere Gesellschaft uns weder Zeit noch Raum dazu läßt. Dann deswegen, weil uns eine einseitig rational, sachlich und technisch orientierte Arbeitswelt dazu zwingt, unsere Gefühle zu unterdrücken. Mit dieser äußeren Erfahrung prägen wir unsere Familien und bestimmen die Erziehung unserer Kinder. Das Ergebnis ist bekannt: der Mensch ohne Leidenschaft in einer Welt ohne Leidenschaft. Es ist daher an der Zeit, die Leidenschaften als positive Werte wieder zu entdecken. Der Mensch ist nicht nur *Homo sapiens* und *Homo faber*, also vernunftbegabtes und symbolisch schaffendes Wesen, das sich seiner selbst bewußt ist, einen Willen hat und fähig ist zu handeln. Er ist auch ein *Homo sentiens*, ein fühlbegabtes Wesen, das der Erregung fähig ist, das fühlen kann und imstande ist, zu lieben und zu hassen, und dadurch erst lebt. Das berühmte kartesianische «Cogito, ergo sum» : das heißt: «Ich denke, also bin ich» – ist demnach durch ein «Sentio, ergo sum» – das heißt: «Ich fühle, also bin ich» – zu ergänzen. Es geht somit um eine Wiederentdeckung, eine Wiederherstellung von Leidenschaftlichkeit als zu bejahendem Wert, der unser Leben erst zu einem erfüllten macht.

Gefühl
Affekt
Emotion

AUF DEM WEG
ZU EINER PSYCHOLOGIE
DER LEIDENSCHAFTEN

Wir lernen in der Schule lesen, rechnen und schreiben und in den höheren Schulen Mathematik, Biologie, Sprachen und Sozialkunde, nicht aber Psychologie. Die Art unseres Lernens ist daher *kognitiv*, das heißt auf vernunftmäßiges Erkennen bezogen, nicht *affektiv*. In diesem Buch geht es aber nicht nur um kognitives Lernen über Leidenschaften, sondern um *«emotionales» Lernen*, also um Lernen mit Gefühl, was immer zugleich auch *«soziales» Lernen* ist, das heißt Lernen in Beziehung auf andere hin. Wie ich schon im ersten Kapitel ausführte, bemühen wir uns hierbei nicht nur um Sachbildung und Sozialbildung, sondern um Affektbildung, um Herzensbildung.

Dabei besteht freilich die Gefahr, daß wir unser Thema zerreden. Wenn es das Ziel der Reihe «Stufen des Lebens» ist, theoretisch Einsicht in Grundmuster seelischen Verhaltens zu vermitteln und praktisch Hilfen für die Bewältigung von Daseinsproblemen zu geben, dann kann dies nicht nur rein denkend geschehen. Denken, Sprechen und natürlich auch Schreiben und – Lesen sind immer von Gefühlen begleitet: Wenn Sie jetzt dieses Buch lesen, fühlen Sie sich von den hier ausgebreiteten Themen angesprochen oder nicht. Sie werden angeregt oder zur Ablehnung herausgefordert. Werden Sie wirklich angesprochen von dem, was ich hier geschrieben habe, dann kommen wir unserem Ziel eines emotionalen Lernens wesentlich näher. Formal betrachtet geht es also um ein Lernen, das Gefühle und Leidenschaften einschließt; um die

Wiedereinbeziehung von Gefühl und Leidenschaft in eine wissenschaftliche Abhandlung.

Dies ist nicht selbstverständlich. Selbst die Psychologie ist als Naturwissenschaft heute mehr Mathematik als eine «Seelenwissenschaft». Die Psychoanalyse, die als Analyse der Seele begann, ist wie Freud schon 1895 in seinen «Studien zur Hysterie» unmißverständlich sagte, ein Verfahren, das «die Erinnerung an den veranlassenden Vorgang zu voller Helligkeit zu erwecken» und «den begleitenden Affekt wachzurufen» zum Ziel hat, denn «affektloses Erinnern ist fast immer völlig wirkungslos». Nicht nur unter dem naturwissenschaftlich orientierten Einfluß der sogenannten Ich-Psychologie, sondern auch in der Folge sozialwissenschaftlicher Beiträge der «kritischen Theorie» und ihrer Epigonen verlor die Psychoanalyse diese Ziele ihres Gründers aus den Augen. Psychoanalyse wurde zu einer rationalistischen Ich-Psychologie, zu einer reinen «Interaktionstheorie», in der Erinnerung nur sprachlich aufgearbeitet wird. Die innerhalb der psychoanalytischen Theorie und Praxis entstandene emotionale Lücke begannen dann einzelne sogenannte «neue» Therapien wie zum Beispiel die «Urschrei-Therapie» Arthur Janovs, die «Gestalttherapie» Fritz Pearls oder die «Gesprächspsychotherapie» Carl Rogers auszufüllen.

Mit diesem Buch über die menschlichen Leidenschaften wird unter anderem auch versucht, diese Versäumnisse der Psychoanalyse aufzuholen, um die verlorengegangene Leidenschaftlichkeit der Psychoanalyse zu suchen, zu finden und wieder in ihr System einzufügen. Ich setze mich dabei freilich dem Vorwurf der Unwissenschaftlichkeit aus. Dies wird mich aber nicht beirren, alles mir mögliche zu tun, um dem Leser in den weiteren Kapiteln dieses Buches das heikle Thema der menschlichen Leidenschaften zu vermitteln. Ich werde mich dabei um Verständlichkeit, Lebensnähe und einen ständigen Bezug zum Alltag bemühen und dennoch versuchen, auch wissenschaftlich verläßliche Informationen zu liefern – in

Richtung auf eine Theorie der Leidenschaft, die uns helfen kann, zu einem besseren Verständnis von therapeutischer Praxis zu gelangen. Dazu brauchen wir bei einem Gegenstand, der unweigerlich eigene Gefühle berührt, klare Definitionen. Es wird also keinem Irrationalismus oder Mystizismus das Wort geredet. Es wird auch kein neuer «Sensualismus» angestrebt, in dem alle Erkenntnis nur auf sinnlicher Wahrnehmung beruht; auch nicht ein zügelloser «Hedonismus», eine Lehre der Lust, in der Genuß das höchste Gut des Lebens ist.

Wir brauchen nüchternes Denken, Vernunft als bewußt gebrauchten Verstand, um bei einem derart heißen Thema, wie die menschlichen Leidenschaften es sind, einen kühlen Kopf zu bewahren. Die Gefahr aber, daß die Herrschaft der Vernunft zuviel Leidenschaftlichkeit unterdrückt, ist meines Erachtens größer als die, daß die Leidenschaft die Vernunft übermannt. Den *gefühllosen* Menschen, der kühl und berechnend seine Aufgabe in der heutigen komplizierten Welt erfüllt, der gut funktioniert und als gesellschaftlich erwünschter «Sozialcharakter» gilt, haben wir im ersten Kapitel, «Mensch ohne Leidenschaft», schon kennengelernt.

Dieser Mensch bezahlt seine Gefühllosigkeit bestenfalls mit innerer Leere oder schlimmstenfalls mit neurotischer, psychosomatischer oder gar psychotischer Erkrankung. In diesen Formen von Krankheit sind die nicht gelebten Gefühle gleichsam gebunden und unterdrückt. Ein derart kranker Mensch setzt sich freilich der Gefahr des psychotischen Durchbruchs aus, wenn sich die unterdrückten Kräfte unkontrolliert «entäußern» und der Mensch somit «außer sich» gerät. Wenn es nicht zu derartigen Ausbrüchen kommt, dann sind es die anderen, die unter dem gefühllosen Wesen des ausschließlich durch Verstand gesteuerten, kühl berechnenden Menschen zu leiden haben.

Wir kennen aber auch den *gefühlvollen* Menschen. Wir verstehen darunter meist etwas abwertend einen übertrieben gefühlsbetonten Menschen, der sich seinen Gefühlen voll hingibt, meist auf Kosten des Verstandes. Noch heute sehen wir unreflektiert besonders die Frau als gefühlsgesteuert an, während der Mann von Vernunft geprägt sei. Dies geht selbst aus Definitionen der Psychoanalyse hervor, wenn zum Beispiel «gefühlvoll» und «weiblich» ebenso gleichgesetzt werden wie «passiv» und «feminin». Der abwehrende Akzent gegenüber Gefühl und Leidenschaft kommt dann besonders zum Ausdruck, wenn wir, ohne es zu bedenken, alles Gefühl als «Gefühlsduselei» abtun. So hörte ich, daß sich junge Menschen über die heftigen und gefühlvollen Auseinandersetzungen zwischen Marianne und Johann in Ingmar Bergmans «Szenen einer Ehe» lustig machen und deren Affekte als Relikte aus längst vergangenen Zeiten ansehen. Demgegenüber möchte ich versuchen, die Welt der Gefühle wiederzuentdecken, weil ich der Meinung bin, daß Gefühl*losigkeit* eher schadet als «Gefühls*haftigkeit*». Mit dieser Wortneubildung will ich den negativen Beiklang von Gefühls*seligkeit* mit seinem Hingegebensein und Schwelgen im Gefühl bewußt vermeiden, einen Zustand, in dem der Mensch sich total dem Gefühl hingegeben hat, etwa beim Hören von Musik.

Schon die Sprache zeigt uns, wie differenziert das Leben mit Gefühlen sein kann: Wir empfinden Gefühle der Freude, wenn wir einen lieben Menschen treffen. Wir spüren Gefühle des Hasses gegenüber jemand, der uns im Wege steht. Wir überlassen uns einem Gefühl, lassen ihm freien Lauf, geben uns ihm hin – passiv. Wir bringen einem anderen aber auch – aktiv – freundschaftliche Gefühle entgegen. Wir empfinden warme, innige Gefühle gegenüber jemandem, etwa solche der Dankbarkeit. Wir hegen zärtliche Gefühle gegenüber einem Mitmenschen. Dieser andere kann unsere Gefühle erwidern oder nicht. Erwidert er sie, dann ist das für uns «das höchste der Gefühle». Gefühl betrifft aber nicht nur die Beziehung zwischen Menschen, die zwischenmenschliche Beziehung. Man singt «mit Gefühl», macht die Arbeit «nach Gefühl», betrachtet etwas «mit gemischten Gefühlen» und sagt, zum Beispiel angesichts einer schwierigen handwerklichen Aufgabe: «Das ist Gefühlssache.» Wir zeigen, etwa im Betrachten eines Kunstgegenstandes, eines Bildes oder einer Plastik, einen bestimmten Gefühlsausdruck. Das künstlerische Objekt wirkt auf uns als äußerer Reiz, und das heißt immer, sofern wir nicht ganz gefühllos sind: Reiz auf unser Gefühlsleben. Das Objekt läßt uns nicht kalt.

Die Psychologie spricht von Gefühl als *Erlebnis* und sagt im übrigen: Die Frage, was Gefühl sei, ist bis heute aktuell und unbeantwortet. So steht es im Handbuch der Psychologie (Band 2, Göttingen 1965) in dem Beitrag «Gefühle und Stimmungen» von Otto Ewert. Es gibt natürlich interessante Theorien über Gefühle, sie würden uns von unserem eigentlichen Thema, dem Gefühlserleben und der Leidenschaftlichkeit, nur wegführen und uns nicht helfen, ihm näherzukommen. Soviel aber kann gesagt werden: Gefühle beziehen sich stets auf Objekte; auf Menschen, aber auch etwa auf Tiere oder die Natur. Sie hängen mit bestimmten sozialen Situationen zusammen. Insofern sind Gefühle *ein soziales Phänomen*. Sie beziehen sich also immer auf einen anderen, sei es im positiven Sinne der Zuwendung wie im Gefühl der Liebe, sei es im negativen der Abwendung wie beim Haß oder in der Verachtung. In der Eigenliebe und im Selbsthaß beziehen sie sich natürlich auf die eigene Person.

Gefühle haben immer auch mit *Vorstellungen* zu tun, mit einer Fülle von Vorstellungen, mit Phantasien: Die Vorstellung der geliebten Person weckt in uns Gefühle der Liebe, die des Gegners solche der Feindseligkeit und des Abscheus. Das, was im Gefühl mit uns vorgeht, ist also etwas Abgeleitetes, Sekundäres. Das Primäre ist die lebendige Vorstellung, das Sekundäre das die Vorstellung umhüllende Gefühl. Was als Gefühl in uns aufsteigt, wird seit alters in den großen Gegensätzen Lust und Unlust gesehen. Freudvolle Gefühle stehen leidvollen gegenüber. Früher unterschied man noch – durchaus wertend – «niedere sinnliche» von «höheren ideellen» Gefühlen wie zum Beispiel intellektuellen, ästhetischen, moralischen oder religiösen Gefühlen. Dabei betreffen die sinnlichen Gefühle die fünf Sinne: Sehen, Hören, Schmecken, Riechen und Tasten.

Für Theodor Lipps (Wiesbaden 1901) ist Gefühl das Primäre, Unmittelbare: «dasjenige, worin ich mich unmittelbar und ursprünglich finde, worin ich mich fühle». Damit sind Gefühle eng mit dem verbunden, was wir selbst sind, also Selbstgefühl. So wie der Mensch ein Selbstbewußtsein hat, so hat er auch ein Selbstgefühl, ein Gefühl von sich selbst. Unser Selbstbewußtsein wird, je nach unserer aktuellen Verfassung, von einem ganz bestimmten Gefühl erfüllt, davon gefärbt. Dieses Gefühl ist ausgesprochen *subjektiv* und unabhängig vom *objektiv* auslösenden Reiz beziehungsweise von der Art des Auslösers. So löst zum Beispiel ein und dieselbe Frau bei verschiedenen Männern jeweils ganz spezifische Gefühle aus. Der eine verliebt sich unsterblich in sie, der andere findet sie abstoßend, während wieder ein anderer keinerlei Gefühle empfindet. Das entstehende Gefühl wird von den gerade vorherrschenden Vorstellungen bestimmt. Sind diese von Gefühl durchsetzt, sprechen wir von gefühlsbetonten Vorstellungen.

Nach Wilhelm Wundts «dreidimensionaler Gefühlstheorie» sind die gefühlsbetonten Vorstellungen nach Lust und Unlust, Erregung und Nichterregung sowie nach Spannung und Lösung definiert, als «unvergleichbares Prinzip», als «psychische Kausalität sui generis», das heißt als seelische Ursache an sich.

Später haben die Psychologen die gefühlsmäßigen Reaktionen der Menschen experimentell untersucht und dabei bedeutende Einzelbefunde erhoben, die uns jedoch in unserem Zusammenhang keine sinnvollen Informationen in Richtung auf eine bessere Fähigkeit zu leben vermitteln und uns somit keinen Schritt weiterbringen. Der experimentelle Zugang verstellt uns vielmehr den Blick für das Ganze. Felix Krüger betont in seinem 1928 in Leipzig erschienenen Buch über «Das Wesen der Gefühle, Entwurf einer systematischen Theorie» die «Ganzheit des Erlebens», seine «komplexe Qualität», und meint, daß «jede Zergliederung, jede Art der Analyse des Erlebnisganzen (diesem) abträglich» sei. Felix Krüger spricht von «Intensität», «Wucht und Tiefe» der Gefühle. Sie machen den «Farben- und Gestaltreichtum» unserer Erlebnisse aus. Gefühle sind «mütterlichen Ursprungs», «Nährboden aller Erlebnisarten» und in «ihrem Qualitätenreichtum, ihrer Universalität, Wandelbarkeit und Labilität nicht zu erfassen».

Gefühle sind *Zustände der Seele»*, die in «Polaritäten» auftreten. Sie sind entweder primär seelische Elemente, die sich auf nichts anderes zurückführen lassen, entsprechend einer «Elementartheorie der Gefühle», oder sie werden sekundär von Reizen mitbestimmt, die von Vorstellungen abhängen. In diesem Sinne ließen sich Gefühle gemäß der sogenannten «Reduktionstheorie» auf etwas anderes zurückführen. Diese Alternative zu entscheiden ist in unserem Zusammenhang unwesentlich. Für jede Gefühlslehre betrachte ich aber folgenden Satz als ausschlaggebend: *«Gefühle entstehen immer in Beziehung zu anderen Menschen.»* Das heißt, modern ausgedrückt: *«in einem sozialen Kontext»*. Ein Gefühl ist stets, wie sich der russische Psychologe Rubinstein (Grundlagen der allgemeinen Psychologie, Berlin 1973, S. 574) ausdrückt, eine «Stellungnahme zur Welt», das heißt zu «dem, was wir erfahren und tun, in Form unmittelbaren Erlebens, sowohl in Abhängigkeit von etwas als auch in einem Streben nach etwas». Unseren Gefühlen liegen also immer wechselseitige Beziehungen zwischen Menschen zugrunde. Das heißt: Gefühle sind zwar individuell subjektiv, dies aber nie losgelöst von der Umwelt; sie sind stets «soziale» Gefühle, also stets in einem zwischenmenschlichen Gesamtzusammenhang zu verstehen.

Obwohl wir Fühlen und Empfinden in der Umgangssprache oft synonym gebrauchen, möchte ich hier, um zusätzliche

Verwirrung zu vermeiden, den Begriff *«Empfindung»* von dem des «Gefühls» abgrenzen. Empfindungen sind vor allem Sinneswahrnehmungen, also das, was wir, ausgelöst von äußeren Reizen, mit unseren Sinnen wahrnehmen. Wir hören den Donner, sehen den Blitz, riechen den Braten, schmecken die Säure des Weins, empfinden die Wärme und Berührung der Haut. Wenn wir auch von «schmerzlichen» oder von «tiefen» Empfindungen reden, empfehle ich im Interesse der Begriffsklarheit, den Begriff «Empfindung» auf Sinnesempfindung zu beschränken und alle seelischen Empfindungen, die nicht von einer Erregung der Sinne ausgehen, sondern von Vorstellungen, oder die spontan in uns entstehen, als «Gefühle» zu bezeichnen.

Ehe wir uns unserem eigentlichen Thema, den menschlichen Leidenschaften, zuwenden, wollen wir noch klären, was die Psychologie unter Affekten versteht. *Affekte* sind eine besondere Gruppe von Gefühlen, ausgezeichnet durch zeitlich kurzen Ablauf, große Kraft und einen begleitenden physiologischen Erregungszustand. Im Gegensatz zu Gefühlen sind Affekte stets reaktiv. Etymologisch stammt das Wort Affekt von dem lateinischen Verb «af-ficire» ab und heißt wörtlich: etwas dazutun, es kommt etwas dazu. Affekte sind «vitale Antwortreaktionen», Abfuhrvorgänge, bei denen Spannung abreagiert wird. Es sind «abrupte Reaktionen mit hoher Intensität». Worauf? Auf bestimmte Erlebnisse, besonders auf bedrohende Erlebnisse. Jemand wird von anderen bloßgestellt, er fühlt sich gekränkt und reagiert mit Wut. Oder jemand wird von der Geliebten betrogen und reagiert mit einem wilden Zornesausbruch.

Wir merken, daß wir damit schon in die Nähe der Leidenschaften gelangen, denn es handelt sich beim Affekt um intensiv erlebte Gefühle, um heftige Gefühlsbewegungen, verbunden mit einer gewissen Einschränkung der Kontrolle durch die Vernunft, der Kritik und Urteilsfähigkeit. Nicht von ungefähr sprechen wir von «unüberlegten Affekthandlungen», wenn uns die Wut überwältigt, wenn wir nicht mehr wissen, was wir tun, oder wenn wir uns zu unbesonnenen Handlungen hinreißen lassen. Der psychiatrische Sachverständige vor Gericht versucht oft, kriminelle Handlungen wie Gewalttaten, einschließlich Mord, als solche Affekthandlungen zu bezeichnen. Läßt sich nämlich nachweisen oder wahrscheinlich machen, daß während der strafbaren Handlung das Bewußtsein aus Affekt eingeschränkt war, dann ist auch die Fähigkeit, das Unerlaubte der Tat einzusehen und nach dieser Einsicht zu handeln, eingeschränkt. Dem Täter wird unter diesen Umständen Zurechnungsunfähigkeit und damit Strafmilderung zugebilligt.

Affekte sind also heftige Reaktionen auf äußere Reize; dabei im allgemeinen von kurzer Dauer, stoßartig. Sie können den Menschen in solcher Intensität packen, daß sein Bewußtsein zumindest vorübergehend eingeschränkt, eingeengt oder getrübt ist. Die intellektuellen Funktionen wie Denken, Erinnern, Wahrnehmen, Handeln sind beeinträchtigt. Affekte als heftige Gemütsbewegungen und Gefühlsausbrüche lassen keine ruhige Überlegung mehr aufkommen. Dabei sind die Affekte, wie die Gefühle, stets auf ein Objekt gerichtet. Jede Beziehung ist eine affektive Beziehung, innerhalb der wir uns über die Sprache der Affekte, das heißt über Affektäußerungen wie Weinen oder Schreien, verständigen; eine Sprache, die wir heute kaum noch verstehen, aber wieder lernen oder neu lernen können. Ihre mehr verborgenen Signale werden uns über Spannungen der Muskulatur, über die Körperhaltung, über Wärme oder Kälte, über Vibration, Klangfarbe und Tonfall der Sprache sowie über Resonanz und Hautkontakt vermittelt.

Leidenschaften sind ebenso wie Affekte heftig und intensiv, aber nicht kurzdauernd, sondern lang anhaltend. Sie können, zeitlich gesehen, über Wochen und Monate, ja über Jahre den Menschen bewegen; mit anderen Worten: sein gesamtes Leben ausfüllen. Was die Definition der Affekte und Leidenschaften angeht, so sind die diesbezüglichen Ausführungen Immanuel Kants, des großen Philosophen des 18. Jahrhunderts, noch heute unübertroffen, so daß ich sie wörtlich zitieren möchte. Das Zitat stammt aus den «Schriften zur Anthropologie in pragmatischer Hinsicht», erschienen in Königsberg im Jahre 1798: «Der Affekt ist Überraschung, er ist übereilt, wächst geschwinde zu einem Grad, der die Überlegung unmöglich macht, er ist unbesonnen. Die Leidenschaft nimmt sich Zeit, um sich tief einzuwurzeln, ist überlegend, so heftig sie auch sein mag, um ihren Zweck zu erreichen. Der Affekt wirkt wie ein Wasser, das den Damm durchbricht; die Leidenschaft wie ein Strom, der sich in seinem Bette immer tiefer eingräbt. Der Affekt wirkt auf die Gesundheit wie ein Schlagfluß; die Leidenschaft wie eine Schwindsucht oder Auszehrung. Er (der Affekt) ist wie ein Rausch, den man ausschläft, obgleich Kopfweh darauf folgt, die Leidenschaft aber wie eine Krankheit aus verschlucktem Gift.» Wenn wir Kants negative Bewertung der Leidenschaft auch nicht teilen, so wird aus dem Zitat doch deutlich, daß sowohl Affekte als auch Leidenschaften den Menschen in einem Ausmaß ergreifen, das sein bisheriges Gleichgewicht völlig verändert.

Es ist ein *qualitativer* Sprung, der Gefühl in Leidenschaft verwandelt, gekennzeichnet durch einen höheren Grad von Ergriffenheit, verbunden mit einem Zurücktreten anderer Gefühle. Ein leidenschaftliches Gefühl erfüllt den Menschen, *quantitativ* gesehen, voll und ganz. Es ist getragen von bestimmten Vorstellungen oder Wünschen und wird unterhalten von einem Drang nach Erfüllung des Wunsches. Leidenschaft ergreift den ganzen Menschen mit Haut und Haar und ist ebenfalls, wie Gefühl und Affekt, stets auf ein Objekt bezogen: Leidenschaftliche Liebe zieht uns zum andern hin. Leidenschaftlicher Haß stößt uns von einem anderen Menschen ab. Leidenschaft ist immer sthenisch, das heißt kraftvoll, nie asthenisch, also schwach. Leidenschaft ist aufregend und erregend. Sie ist beständig und beharrlich, dabei stets konzentriert auf ihr Ziel, eine *«Aktivität der Seele»*, wie sich Rubinstein ausdrückt. Damit ist freilich eine neuartige Definition von Leidenschaft gegeben, denn im allgemeinen Sprachgebrauch ist ja Leidenschaft etwas Passives, etwas, das uns passiv widerfährt. Ich erwähnte schon, daß Leidenschaft den Menschen ergreift, packt. Im Wort «Leiden»schaft selbst drückt sich die Leideform aus. Auch im lateinischen «passio» bedeutet Leidenschaft «etwas erleiden». Wir überlassen uns aber dennoch nicht willenlos der Leidenschaft. Wir handeln vielmehr leidenschaftlich, wir *sind* leidenschaftlich.

Die Triebfedern der Leidenschaft sind freilich letztlich körperlicher Natur. Von dieser körperlichen Quelle her gesehen sind wir leidenschaftlichen Kräften gegenüber ausgeliefert. Es ist aber die Frage, ob wir uns diesen Kräften passiv überlassen, oder ob wir sie aktiv und autonom, also selbständig als Potential nützen; das heißt im einzelnen: in Denken, in Erkennen und in Handlungen umsetzen.

Leidenschaften sind somit von Trieben gespeist, die, ihrerseits tief in der Persönlichkeit verankert, aus körperlichen Quellen stammen und «unbeugsam, unaufschiebbar, imperativ» (S. Freud, 1933, S. 104) zu einer körperlich meßbaren Spannung führen, die periodisch anwachsen und ihr Ziel in der Entspannung suchen. Im Gegensatz zu den Trieben führen Leidenschaften aber gerade nicht zu Entspannung. Ein leidenschaftlicher Mensch bleibt stets in Spannung. Sein Sinnen und Trachten hält unvermindert an und läßt nicht nach. Seine Triebfedern bleiben gespannt. Die Leidenschaft charakterisiert die gesamte Persönlichkeit. Mit der psychoanalytischen Triebtheorie allein würden wir der Vielfalt und Komplexität menschlicher Leidenschaften nicht gerecht werden. Wir benötigen dazu eine umfassende Theorie, die gleichermaßen «Affekttheorie» und «Interaktionstheorie» ist, das heißt mit anderen Worten: eine *Psychologie der Leidenschaften*, die zugleich eine *Lehre der zwischenmenschlichen Beziehungen* darstellt.

Betrachten wir jetzt noch einen weiteren Begriff, der für unseren Zusammenhang wichtig ist. *Emotion.* E-motio heißt wörtlich «Herausbewegung». Mit anderen Worten: Die in der Tiefe des Körpers wurzelnde Leidenschaft sucht unter dem Druck ihrer Triebfedern, Sexualität und Aggressivität, ihre Ziele dadurch zu erreichen, daß sie sich ausdrückt. Die Art und Weise dieses Ausdrucks hängt von der spezifischen Persönlichkeit des betreffenden Menschen ab. Dessen Struktur wiederum ist *das Ergebnis einer langen Lebensgeschichte, die ihrerseits aus zahlreichen zwischenmenschlichen Begegnungen besteht, von denen jede ihre Spuren als strukturbildende Elemente hinterläßt.* Leidenschaft ist somit stets Ausdruck eines ganz spezifischen persönlichen Erlebens, das anders ist als das meines Nächsten, so wie keines Menschen Lebensgeschichte der Biographie anderer gleicht. Freilich gibt es gleichartige Reaktionsweisen auf innere und äußere Reize, sogenannte «stimulus patterns», das heißt wörtlich: Reizmuster. Auf persönliche Bedrohung reagieren wir alle, mehr oder weniger gleich, mit Flucht; man denke nur an einen Ausbruch von Panik bei einem Kino- oder Hotelbrand. Konrad Lorenz und Irenäus Eibl-Eibesfeld zeigten, daß wir mit den Tieren gemeinsam angeborenen Lerndispositionen unterworfen sind wie Flucht oder Kampf, Bedrohen eines Gegners oder Umwerben eines anderen beim Paarungsverhalten. *Auf dieser Basis ererbter, angeborener Reaktionsmuster variieren aber die Ausdrucksweisen beim Menschen je nach seiner spezifischen Sozialisation von Fall zu Fall beträchtlich.*

Halten wir fest: Emotionen oder, wie ich lebensnäher und verständlicher lieber formuliere, *Leidenschaften* sind starke, langanhaltende seelische Kräfte, die den ganzen Menschen erfassen. Sie sind gespeist aus seinem Triebreservoir. Sie charakterisieren die jeweils ganz spezifische persönliche Subjektivität des von ihnen ergriffenen Menschen. Sie drehen sich um Lust oder Unlust, sie sind mit Zeichen körperlicher Erregung verbunden und folgen nicht der Sequenz «Spannung und Entspannung», sondern sind *durch eine anhaltende Spannung gekennzeichnet.* Descartes nannte sie «Lebensgeister» und David Hume «Triebkräfte unserer Assoziationen, Grundlage aller Vernunftgründe».

Sie stehen immer in Beziehung zu Menschen, sind also zwischenmenschliche Phänomene. Sie sind Bewegung, die etwas ausdrückt. Leidenschaften dienen der Verwirklichung unseres Daseins, sie erfüllen uns mit Leben, sie geben unserem Leben einen Sinn. Leidenschaften verändern uns und unsere Umgebung, sie führen, wie Jean Paul Sartre in seinem Entwurf zu einer Theorie der Emotion sagt, im Handeln zu einer «spontanen Umformung der Welt».

Leidenschaftlich leben heißt: seine Arbeit mit Begeisterung, mit Enthusiasmus tun, auf den anderen zugehen, auf ihn eingehen, sich in ihn einfühlen, sich in Beziehungen einlassen, sich nicht scheuen, einmal aus gewohnten Bahnen auszubrechen, sich engagieren, sich mit Leib und Seele einsetzen.

Leidenschaftlich sein heißt: eine Idee leidenschaftlich verfechten, sei sie politischer, wissenschaftlicher oder künstlerischer Art; dazu stehen, wenn andere auch dagegen sind und mir aus meinem Verhalten Nachteile erwachsen.

Nach diesen positiven Definitionen von Leidenschaft als Basis können wir uns im nächsten Kapitel mit dem komplizierten Verhältnis von Leidenschaft, Moral und Vernunft näher befassen.

Vernunft oder
Leidenschaft

ÜBER DAS KOMPLIZIERTE VERHÄLTNIS VON LEIDENSCHAFT, MORAL UND VERNUNFT

Im ersten Kapitel ist klargeworden: Wir leben in einer Welt, in der Leidenschaft keinen Platz hat. Daß dies eine Bedrohung für den Menschen bedeutet, der leidenschaftslos, emotionslos, gefühllos sein Tagewerk verrichtet und beziehungslos sein Leben fristet, im Grunde krank an seiner Seele, dies merken wir nicht. Die Folgen sind eine große Anzahl psychisch bedingter Störungen, als da sind:

1. Psychosomatische Erkrankungen, das sind Krankheiten des Körpers aus psychischer Ursache. Sie machen fünfundzwanzig Prozent der Patienten einer Inneren Klinik aus.

2. Psychoneurotische Störungen, das sind Krankheiten der Seele aus ungelösten inneren Konflikten. An ihnen leiden etwa fünfzig Prozent der den praktischen Arzt aufsuchenden Kranken.

3. Psychosen, das heißt schwerste seelische – und geistige – Erkrankungen mit erheblichen Beeinträchtigungen der Ich-Funktionen bei etwa ein Prozent Schizophrenie und ungefähr fünf Prozent Depressionen in der Gesamtbevölkerung.

4. Drogenabhängigkeit, das ist ein krankhaft gesteigerter «süchtiger» Konsum von Drogen aller Art, vom «weichen» Haschisch bis zum «harten» Heroin einschließlich des gefährlichen Alkoholmißbrauchs mit über einer Million Alkoholabhängiger.

Die Kosten für das Gesundheitswesen sind ins unermeßliche gestiegen. Wo früher Tuberkulosekranke ihre Freiluftkuren machten, werden heute psychosomatische und -neurotische

Störungen behandelt. Die Neurose ist zur Volksseuche geworden.

All diese Störungen sind Antwort auf ein «beschädigtes Leben». Der Mensch ist nicht dazu geschaffen, zuviel an Versagungen, an Entbehrungen zu ertragen. Kann er nicht mehr leben, wie es seiner Natur entspricht, dann wird er krank. «Es gibt eine Grenze» – so Freud 1908 in seinem heute noch aktuellen Aufsatz «Die kulturelle Sexualmoral und die moderne Nervosität» –, «über die hinaus die Konstitution (des Menschen) den Umweltanforderungen nicht (mehr) folgen kann». Diese Grenze ist heute – siebzig Jahre nach Freuds Aufsatz – längst überschritten. Nur ist es gegenwärtig weniger die Sexualmoral, welche die Menschen krank macht, sondern es sind die *äußeren Zwänge*, die realen Notwendigkeiten einer technokratischen Welt, die für Gefühle oder gar Leidenschaften weder Zeit noch Raum lassen, die uns krank machen und die unser Leben im wahrsten Sinne des Wortes beschädigen. Wenn dem so ist, gibt es die Alternative *Vernunft oder* Leidenschaft gar nicht. Dann kann die Antwort nur lauten: Vernunft *und* Leidenschaft. Hier sehe ich Möglichkeiten einer Lösung des Dilemmas zwischen den komplizierten Anforderungen einer technisierten Massengesellschaft an den einzelnen Menschen und den Bedürfnissen seiner Natur. Ich komme auf dieses Problem am Schluß des Buches unter dem Titel «Hoffnung auf eine neue Leidenschaftlichkeit» zurück.

Die andere Alternative lautet: *Moral* oder Leidenschaft. Auch hier gibt es kein Entweder-Oder, sondern nur ein Sowohl-Als-auch; eine Gleichung, die freilich im Laufe der Geschichte einem vielfachen Wandel unterlag. Die Abwertung der Leidenschaften gegenüber der Sittlichkeit überwiegt dabei die Aufwertung der Leidenschaften, wie wir dies hier versuchen, bei weitem.

Schon die Vor-Sokratiker verkündeten: «Man hüte sich, die Leidenschaften zu wecken.» Plato war davon beeinflußt, wenn er in den Ideen hinter den Dingen das Höchste sah. In seinem Dialog «Timaios» bewundert er zwar die Lust als «mächtige und unabweisbare Leidenschaft», geißelt sie aber zugleich als «den großen Köder des Übels». Er stellt unmißverständlich fest: «Vernunftlosigkeit» ist «Krankheit der Seele» und sagt weiter: «Übermäßige Lust ist (neben übermäßigem Schmerz) die größte der Leidenschaften. Die Schamteile sind etwas Unlenksames und Eigenmächtiges, wie ein Tier, welches nicht auf die Vernunft hört, und suchen mit ihrer rasenden Begierde alles zu beherrschen.» Im Dialog «Philebos» geht es zwischen Philebos und Sokrates um die Frage, ob die Freude, die Lust, das Vergnügen – das heißt die Leidenschaften – das Gute seien oder das Denken, die Einsicht, die Vernunft: Plato läßt Sokrates das Ergebnis aussprechen: «Weder Lust und Leidenschaft noch Verstand und Erkenntnis sind an sich gut.» Zwischen Lust als dem «Maßlosen» und Vernunft als dem «Maßvollen» zeigt sich als Lösung ein drittes, indem Lust als integrierender Bestandteil des geistigen Lebens anerkannt wird.

Aristoteles behandelt in seiner «Nikomachischen Ethik» auch Leidenschaften wie Lust, Begierde, Zorn, Freude, Haß und Eifersucht und nennt sie «Bewegungen der Seele». Er brandmarkt zwar die «Übertreibung» als «fehlerhaft» und plädiert für die Tugend als die Mitte zwischen den Extremen, hält aber die Lust durchaus für eine Leidenschaft, die dem Leben förderlich ist. Er schreibt: «Daß nun alles nach Lust trachtet, dafür kann man den Grund darin finden, daß alles zu leben begehrt. Leben aber ist Tätigkeit, und jedermann ist auf dem Gebiet tätig, das ihm am besten liegt: wie zum Beispiel der Musikalische mit seinem Gehör im Reich der Melodie, der geistig Lernbegierige in der Wissenschaft und so weiter. Die Lust aber ist es, die die Tätigkeiten zur Vollendung bringt und so auch das Leben, nach dem man begehrt. Es ist also folgerichtig, wenn man auch nach der Lust trachtet, ist sie doch etwas Begehrenswertes, da sie für jedermann das Leben zur

«Weder Lust und Leidenschaft ...

...noch Verstand und Erkenntnis sind an sich gut», sagt Sokrates. Wie das Geld, von dem es im Volksmund heißt: «Geld ist weder schlecht noch gut – es liegt an dem, der's brauchen tut.»

Pfandbrief und Kommunalobligation

Meistgekaufte deutsche Wertpapiere - hoher Zinsertrag - bei allen Banken und Sparkassen

Verbriefte  Sicherheit

Vollendung bringt. Die Frage, ob wir das Leben wegen der Lust oder die Lust wegen des Lebens begehren, mag für jetzt dahingestellt bleiben. Denn offenbar sind beide so eng miteinander verknüpft, daß keine Trennung möglich ist. Ohne Tätigkeit aber gibt es keine Lust, und jede Tätigkeit wird von der Lust zur Vollendung gebracht.»

Diesem leidenschaftlichen Plädoyer für ein lusterfülltes Leben stehen die lebensverneinenden Stoiker gegenüber. Die Leidenschaften sind bei ihnen die Folge «fehlerhafter Verstandesurteile», die als «unvernünftige Strebungen der Seele» gewissermaßen «außerhalb der Vernunft» stehen. Hier wird eindeutig moralisiert. Leidenschaft wird grundsätzlich als unvernünftig und schädlich verworfen.

Bei Thomas von Aquin wiederum schließen sich wie bei Plato sittliche Tugend und Leidenschaften nicht aus. Bei ihm sind Leidenschaften «weder gut noch böse». Sie ergreifen sogar das geistige Streben, den freien Willen, die Vernunft; sie führen aber zugleich ein Eigenleben, und zwar als «begehrfähige» Leidenschaften wie Liebe, Verlangen und Freude, als «kampffähige» Leidenschaften wie Wut und Zorn. Dem Willen und der Vernunft wird aber ein regelnder Einfluß zuerkannt. Die Bewertung der Leidenschaften hängt also davon ab, inwieweit sie von der Vernunft kontrolliert, gesteuert werden.

Diesem ausgewogenen Urteil des Thomas von Aquin stehen eine Fülle ausdrücklich negativer Bewertungen durch die Kirchenväter des *Mittelalters* gegenüber. Bei ihnen sind die Leidenschaften Todsünden wider Gott. *Die sieben Todsünden* heißen: Unmäßigkeit oder Völlerei, Zorn oder Haß, Stolz, Habsucht oder Geiz, Trägheit oder Faulheit, Müßiggang sowie Unkeuschheit oder Unzucht. Die Kirchenväter halten sie dem der Leidenschaft frönenden Volk drohend vor, um ihm die Zügel anzulegen. Bei Bert Brecht werden «die sieben Todsünden der Kleinbürger» als falsche Spielregeln für eine Gesellschaft entlarvt, die die Armen dazu zwingt, «nicht zu sündigen wider die Gesetze, die da reich und glücklich machen».

Speziell der Wollust wird der Kampf angesagt. Eine allgemeine Verteufelung der Sexualität setzte im Mittelalter ein, deren Spuren bis heute nachwirken. Nicht nur Wollust als sexuelle Lust wurde verdammt, vielmehr Lust überhaupt, die Freude an sinnlichem Leben, die Erotik, ja alle Körperlichkeit. Alle Gefühle waren geläutert: Man betete die Geliebte an, verehrte ihre Schönheit und verachtete mit der Geringschätzung der Sexualität ihre Naturhaftigkeit. Liebe wurde in fataler Weise mit Unheil und Tod in Zusammenhang gebracht, eine unselige Verknüpfung, die den Menschen bis zum heutigen Tag viel Leid beschert.

Seelenreinheit und Lebensverneinung sind das Ergebnis der kirchenväterlichen Verteufelung der Leidenschaften. Eine Illustration dafür ist ein Drama von Daniel Kaspar von Lohenstein, genannt «Sophonisbe»: Die gleichnamige Heldin frönt der Leidenschaft. Ein Mann nach dem andern wird ihr hörig. Schließlich heiratet sie den Gegner ihres Mannes mit Namen Masinissa. Beide Männer sind sich schließlich darin einig, daß dieses leidenschaftliche Weib «Sophonisbe» wegen ihrer wilden Leidenschaftlichkeit getötet werden müsse, damit sie nicht noch mehr Unheil unter den Männern anrichte. Entsprechend der kirchlichen Lehre aber wandelt sie sich, gibt ihr sündhaftes Leben auf und straft sich dadurch, daß sie sich selbst mitsamt ihren unmündigen Kindern vergiftet.

In der *Neuzeit* spielt zwar die Problematik zwischen religiösem Heil und Sünde nicht mehr dieselbe Rolle wie im Mittelalter. Der Zwiespalt zwischen Moral und Leidenschaftlichkeit besteht aber unvermindert weiter. Leidenschaften werden als «dunkle» Begierden behandelt, als «verworrene» Kräfte, die aus ebenso dunklen und verworrenen «Vorstellungen» entstehen; so schreibt Georg Friedrich Meier, ein kaum bekannter Autor des 18. Jahrhunderts, im Jahre 1744. Er nennt Leidenschaften – Plato folgend – «Krankheiten der Seele», die eher den «Irrtum» fördern als der «Wahrheit» dienen. Sie «entwaffnen» gleichsam die Seele, indem sie ihr die Mittel aus den

Händen nehmen, die die Vernunft gut gebrauchen könnte. Der leidenschaftliche Mensch ist daher «zum Studium untüchtig», er handelt «ohne Überlegung, des Bewußtseins beraubt». Leidenschaften beeinflussen auch die körperliche Gesundheit schädlich. Eine «Diätetik der Seele» (H. Klenk, Leipzig 1873) empfiehlt deshalb die Kultivierung urtümlicher Leidenschaften im Interesse seelischer und körperlicher Gesundheit: Das heißt: Wir sollten unsere Leidenschaften ernst nehmen, sie nicht verdrängen, sondern uns mit ihnen auseinandersetzen und sie in kultivierte Formen des Umgangs mit unseren Mitmenschen umsetzen!

Bei Schopenhauer wird in «Die Welt als Wille und Vorstellung» einerseits der «Wille zum Leben» als «Lebenstrieb» gelobt: «Alles drängt und treibt zum Dasein, zur möglichen Steigerung desselben.» Dazu gehören nicht nur der Wille zur Selbsterhaltung, sondern auch der Geschlechtstrieb, der «Kern des Lebenstriebes». Andererseits hebt dieser Trieb Sorglosigkeit, Heiterkeit und Unschuld auf und bringt Unglück in die Welt, nämlich «Unrast, Melancholie, Unfälle, Sorge und Not». Deshalb kommt Schopenhauer zu seiner bekannten «Verneinung des Willens zum Leben», wohin wir ihm aber nicht folgen wollen.

Sehr deutlich sah Friedrich Nietzsche das «Stück roher Kultur» in uns. In «Menschliches, Allzumenschliches» schrieb er unmißverständlich: *«Ohne Lust kein Leben.»* An anderer Stelle heißt es: «Das Unlogische der Leidenschaften ist notwendig zum Leben.» Die Moralvorschriften der Kirche sind nach Nietzsche «in Wahrheit gegen die Individuen gerichtet und wollen deren Glück nicht». «Die Gewalt der moralischen Vorurteile ist tief in die geistige... Welt gedrungen..., schädigend, hemmend, blendend, verdrehend.»

Mit den Folgen derartiger Schädigungen setzen sich Analytiker und Analysand im gemeinsamen Arbeitsbündnis auseinander. Der solidarische Kampf gilt dem «Über-Ich», in dem die überkommenen Normen, nicht nur die der Eltern, son-

dern die der Gesellschaft, und deren Geschichte «verinner-
licht» sind und unbewußt unser Ich knebeln. Psychoanalyse
ist vor allem ein «Hinterfragen» dieser von der Gesellschaft
gesetzten Normen – der Ausdruck «Hinterfragen» stammt
übrigens auch von Nietzsche – mit dem Ziel, ihren Einfluß zu
brechen, sie zumindest zu reduzieren, zu relativieren. Das
Ziel lautet in Abwandlung des berühmten Freudschen Aus-
spruches «aus *Es* muß Ich werden» somit: *«Aus Über-Ich
muß Ich werden.»* Durch das Über-Ich wird nämlich, um
Formulierungen von Nietzsche zu verwenden, «mächtigen
Trieben... die Entladung nach außen versagt». Es bleibt
ihnen deswegen nichts anderes übrig, als sich «nach innen
schadlos zu halten». Seelische Schwäche und Ressentiment
sind die Folge. Damit nun aus Über-Ich Ich werden kann,
müssen, um wieder mit Nietzsche zu sprechen, «die großen
Verbrechen der Psychologie rückgängig gemacht werden»,
nämlich folgende:

1. «daß alle Unlust mit Schuld gefälscht»,
2. «daß alle starken Lustgefühle als sündlich... gebrandmarkt
worden sind»,
3. «daß alles Große Entselbstung, Sich-Opfern, Entpersön-
lichung sein soll»,
4. «daß die Liebe gefälscht worden ist als Hingebung und Al-
truismus, während sie ein Hinzunehmen ist oder ein Abgeben
infolge eines Überreichtums an Persönlichkeit»,
5. «daß Leben als Strafe, daß Glück als Versuchung und daß
die Leidenschaften als teuflisch hingestellt worden sind».

Unsere Patienten lassen in jeder Analysestunde erkennen, wie
recht Nietzsche hat. Ihre Angst ist es vor allem, vom Analytiker ihrer leidenschaftlichen Wünsche wegen verurteilt zu werden, wenn sich in ihnen nach jahrelanger Verdrängung wieder
starke und anhaltende Gefühle regen: hemmungslose Wünsche nach Zärtlichkeit, nach Erotik, nach sexueller Lust, nach

Orgasmus. Hier kommt es darauf an, daß die Analytiker, ohne kollektiven Normenzwängen zu unterliegen, diese leidenschaftlichen Gefühle voll bejahen und ihren Analysanden damit helfen, sie in ihre Persönlichkeit und in ihre zwischenmenschlichen Beziehungen zu integrieren. Dies zu betonen ist notwendig, denn selbst die revolutionäre Bewegung der Psychoanalyse, welche der Menschheit die Befreiung von sexueller Unterdrückung brachte, ist stellenweise nicht frei von Einschränkungen. In Freuds Aufsatz «Bemerkungen über die Übertragungsliebe» (Gesammelte Werke, Band X, 1915, S. 315 u. 319) wird zum Beispiel «Frauen von elementarer Leidenschaftlichkeit» die Analysefähigkeit schlicht abgesprochen. Wir müssen uns fragen, ob da nicht unreflektiert moralische Regungen im Spiel sind, wenn Freud dem Analytiker rät: «Sie (die Patientin) hat von ihm (dem Analytiker) die Überwindung des Lustprinzips zu lernen, den Verzicht auf eine naheliegende, aber sozial nicht eingeordnete Befriedigung zugunsten einer entfernteren, vielleicht überhaupt unsicheren, aber psychologisch wie sozial untadeligen.» Hier ist der Tadel unmißverständlich zwischen den Zeilen zu lesen. Die Psychotherapeuten müssen vielmehr selbst tolerant gegenüber ihren eigenen Leidenschaften sein, sie zuerst bei sich selbst zulassen, sich ihnen überlassen können und den Umgang mit diesen heftigen Gefühlen *gelernt* haben, um auf dieser Grundlage ihre Patienten um so besser in die Lage zu versetzen, sie ihrerseits zu bejahen. Voraussetzung dafür ist, daß die Analytiker die ganze Palette von Gefühlen, Emotionen, Leidenschaften an der eigenen Seele, am eigenen Leibe erfahren haben. Wie sollten sie sich denn sonst in den unbändigen Haß, den zehrenden Neid, die sadistischen Rachephantasien, die leidenschaftliche Liebe oder die quälende Eifersucht ihrer Patienten einfühlen können? Analytiker müssen vor allem selbst *fühlen* können. Nichts Leidenschaftliches darf ihnen fremd sein. Der Analysand spürt dies nicht nur in dem, *was* sein Therapeut sagt, sondern auch in dem, *wie* er es sagt, an seinen Gesten, am Gesichtsausdruck, in seinem beredten Schweigen, etwa nach einer vertraulichen Mitteilung soeben wiederbelebter leidenschaftlicher Wünsche.

Was ich hier in bezug auf die Psychoanalytiker sagte, gilt selbstverständlich auch für jeden anderen, sei er Sozialarbeiter, Psychologe oder Lehrer, der beruflich mit Menschen umgeht. Ein trockener Wissenschaftler wird einem sich selbst entfremdeten, von seinem Gefühlsleben abgetrennten Patienten nicht helfen können. Angehörige sozialer Berufe tun also gut daran, wenn sie sich immer wieder auf ihre Gefühle einlassen, wenn sie viel erleben an Freud und Leid, dabei neue Menschen kennenlernen, um gleichsam psychisch «trainiert» zu bleiben. Gruppendynamische Laboratorien, Selbsterfahrungsgruppen oder ein weiteres Stück eigener Analyse eignen sich hierzu vorzüglich.

Kehren wir zurück zum Thema des Verhältnisses zwischen *Leidenschaft, Moral und Vernunft.* Wir hörten bereits: In der Antike lehrten die alten Philosophen überwiegend die Tugend der Mäßigkeit, im Mittelalter geißelten die Kirchenväter Leidenschaft als Sünde und predigten die lautere, selbstlose Liebe zu Gott. Es gab aber auch andere Stimmen. Erasmus von Rotterdam bejaht in seinem «Lob der Torheit» ganz explizit die Vitalität, die die Menschen «wahrhaft glücklich» mache, während der Verstand das Leben «töte». Der große niederländische Philosoph hatte sogar etwas übrig für die «Raserei» der Apostel, für die «Verzückung» der Liebenden. Er erweist sich in der übrigens für einen Philosophen ungewöhnlich heiteren Schrift als ein Mensch der Horazschen Kunst, die «unter Lachen die Wahrheit» sagt.

Daß Leidenschaften nicht nur das persönliche Glück fördern, sondern auch dem wirtschaftlichen politischen und wissenschaftlichen Fortschritt dienen, findet sich erstmals in einem satirischen Pamphlet des Freidenkers Bernard de Mandeville. In seiner Fabel über die Bienen, die voller Symbolik ist, geht es um zwei Völker. Das eine Volk, das den Leidenschaften frönt, floriert in jeder Beziehung, während das andere, das tugendhaft lebt, verkümmert und verarmt. Der gesellschaftliche Bezug findet sich auch in Helvetius' Schrift «De l'Esprit», in der Leidenschaft als eine «aktive Bewegung, die alles belebt» bezeichnet wird, weil sie unmittelbar die Sinne anspricht. Bei Helvetius finden wir auch schon beherzigenswerte Hinweise auf eine lebensbejahende Erziehung, bei der es auf die Kunst ankommt, Leidenschaften zu wecken. Die aktive, vorwärtsdrängende Bewegung der Leidenschaften in Haß, Zorn, Mißgunst, Rache und Grausamkeit kommt am deutlichsten in der Schrift des französischen Philosophen Jean Louis Vives mit dem Titel «De Anima et Vita», das heißt «Über die Seele und das Leben», zum Ausdruck, 1538 erschienen und bei dem Italiener Giovanni Battista Vico in dessen «Grundzügen einer neuen Wissenschaft» 1725 veröffentlicht. In diesen Werken sind Leidenschaften «passiones dominantes, fortes» und «violentissimes», also dominierende, starke und sehr heftige Kräfte; geradezu Explosivkräfte, die gewiß nicht einfach zu bändigen sind.

Was die Denker der Philosophie leisten, wenn sie den dialektischen Gegensatz zwischen Moral und Leidenschaft erörtern, das versucht uns die Psychoanalyse als Wissenschaft des Unbewußten, als Tiefenpsychologie auf neuartige Weise mit ihrem Modell von Ich, Es und Über-Ich zu zeigen. Auch hier geht es um die komplizierte Relation zwischen Vernunft, Moral und Leidenschaft: Gegenüber dem mächtigen Über-Ich, gegenüber den unbändigen Trieben des Es und gegenüber der unerbittlichen Realität fühlt sich das Ich sehr leicht ausgeliefert und ohnmächtig. Es spielt dann, wie Freud in seiner Arbeit «Zur Geschichte der psychoanalytischen Bewegung» (G. W., Band X, 1914, S. 97) anschaulich vergleicht, «die lächerliche Rolle des dummen August im Zirkus, der den Zuschauern durch seine Gesten beibringen will, daß sich alle Veränderungen in der Manege nur infolge seines Kommandos vollziehen». In Wirklichkeit wird der Clown von anderen

Kräften beherrscht, nämlich von den Tieren in der Manege und der Masse der Zuschauer. Die Tiere stehen in diesem Gleichnis für das Es, die Zuschauer für Über-Ich und Realität. Über den Clown lachen wir, weil er schwach ist. Den Dompteur achten wir, weil er die Raubtiere zähmt und sich dadurch als stark erweist. Um im Bild zu bleiben: Aus dem Clown muß also ein Dompteur werden.

«Vermehrung der kritischen Ich-Kräfte gegenüber den Triebansprüchen» fordert daher Alexander Mitscherlich (in: «Das beschädigte Leben», München 1970, S. 43) und folgert daraus eine «Erziehung zur Ich-Stärke», zur «Ich-Autonomie». Dem ist zuzustimmen, allerdings sind die Verhältnisse zwischen Ich und Es sehr kompliziert: Wenn Ich-Stärke nur auf Kosten des Es, das heißt der Triebe und damit auch der Leidenschaften zu gewinnen wäre, wofür Freuds bekannter Satz «Wo Es war, soll Ich werden» ja spricht, dann trifft dies für die archaischen Ansprüche des Es (für den Mann nach Inzest mit der Mutter und Tod des Vaters) wirklich zu. Darauf müssen wir verzichten. Dies zu erkennen, bleibt uns nicht erspart. Was aber sonst noch an Verboten im Über-Ich das Ich unterdrückt, verdient aufgehoben zu werden. Wir sagten oben: «Was Über-Ich war, soll Ich werden», das heißt Abbau des starken, unreflektierten Moralkodex. Ein derartiger Abbau von Über-Ich zugunsten des Ich und nicht auf Kosten des Es führt zu echtem Ich-Wachstum. Dann wird aus einem von Moral unterdrückten schwachen Ich ein Ich, das die im Über-Ich gebundenen Kräfte integriert hat und im Sinne von E-Motion Gefühl und Leidenschaft in die Beziehung zu anderen Menschen einbringen kann. Was zuvor grausam unterdrückt war, jederzeit bereit, ungebändigt und ungezügelt auszubrechen, das ist dann in gebändigter, gezügelter Form dem Ich verfügbar. Das durch die gesellschaftlich vermittelte Einpflanzung von Moral und Sittenkodex ans Über-Ich verlorengegangene Terrain kann auf diese Weise, wenn auch in langfristiger Analyse und nur über viele kleine Schritte, Stück um Stück grundsätzlich zurückerobert werden. Hier bewährt sich Goethes Satz: «Nur der verdient sich Freiheit wie das Leben, der täglich sie erobern muß.»

Die Kraft dazu kann nur aus dem Es kommen. Das Es ist das Kraftreservoir, die Quelle der Leidenschaft. In ihm stecken die Triebfedern, die dem Ich erst die Kraft geben, nach außen zu wirken. Auf diese Weise bedient sich das Ich der Leidenschaft des Es, so wie sich in Platos Gleichnis der Reiter des Pferdes bedient, um ein Ziel zu erreichen, das der Fußgänger nicht erreichen würde. Das Ich wendet sich also nicht gegen den Trieb, sondern verbündet sich mit ihm. Es war ein verhängnisvoller Irrtum der psychoanalytischen Ich-Psychologie, dem auch Freud stellenweise erlag, wenn er, wie im zitierten Vergleich mit dem Clown, das Ich als hilflosen Spielball der es umgebenden Instanzen beschrieb und das Es als gefährlichen, «brodelnden Kessel». Dies ist richtig im Zustand der Neurose. In gesunder Verfassung sind Ich und Es aber praktisch nicht zu trennen. Das Ich ist dann vom Es gleichsam ausgefüllt, wie Fleisch von Blut durchtränkt.

Leidenschaftlichkeit kann also ins Ich integriert, gebändigt und gezügelt werden. Leidenschaftlichkeit prägt den Charakter des Menschen ebenso wie sein Denken, seine Überzeugung und Worte ihn charakterisieren. Die tiefsten Motive des Menschen gründen in seinen Leidenschaften und bestimmen seine unverwechselbare Persönlichkeit. Damit hängt auch zusammen, daß wir einen anderen Menschen erst dann richtig kennen, wenn wir ihm in leidenschaftlicher Erregung begegnet sind, wenn er zum Beispiel blind vor Sehnsucht verliebt ist, vor Zorn außer sich tobt, fanatisch von einer politischen Ideologie erfüllt ist oder sich enthusiastisch einer Entdeckung in der Wissenschaft nähert. Von hier aus gesehen können wir Schillers Lehrer Abel gut verstehen, wenn er feststellt, daß «ohne Leidenschaft nie etwas Großes, nie etwas Ruhmvolles geschehen ist, nie ein großer Gedanke gedacht» wurde. Dazu paßt Fichtes Ausspruch: «Nichts Großes in der Welt ohne Leidenschaft!»

Voraussetzung dazu ist, wie wir hörten, daß das Ich die Leidenschaften für sich auch nützt, freilich ohne sie zu sehr zu beschneiden, daß es sie in sich aufnimmt und integriert, ohne sie zuvor allzusehr neutralisiert oder sublimiert zu haben. Eine weitere Voraussetzung dazu ist, daß die primitiven menschlichen Leidenschaften des Es gezähmt und gebändigt sind: Eine alles verschlingende Gier, tödlicher Haß, blinde Eifersucht, verzehrender Neid oder wilde Rache bedürfen nämlich der *Kultivierung*, um für das Ich nützlich werden zu können. Dies ist nicht einfach dadurch zu erzielen, daß wir die Leidenschaften in uns «listig» für unsere Ich-Interessen arbeiten lassen, gleichsam «als unsere psychologischen Kammerdiener», wie Hegel sagt, das heißt im Interesse unserer Selbsterhaltung, im Sinne eines Beflügelns unserer Liebe, zur Stärkung unseres Kampfes gegen unsere Feinde, zur Unterstützung unseres Engagements in der Verfolgung wirtschaftlicher, politischer, künstlerischer oder wissenschaftlicher Ziele.

Es ist experimentell-psychologisch erwiesen, daß leidenschaftliches Engagement das Denken, die Konzentration und die Erinnerung fördert und das Vergessen hindert: Wir erinnern uns viel eher an Szenen, wenn wir in ihnen gefühlsmäßig engagiert waren. Die Erinnerung daran ist lebendig, farbig. Ohne Gefühl und Leidenschaft abgelaufene Ereignisse vergessen wir schnell. *Objektiv* längere Zeitabschnitte schrumpfen ohne persönliche Erlebnisse *subjektiv* zu relativ kurzen Zeiträumen zusammen, während uns ein paar mit heftigen Gefühlen ausgefüllte Tage endlos lang erscheinen. Ein freudig erregter Mensch auf dem Weg zur Geliebten ist erfüllt von Phantasien und erlebt die Welt wie einen Frühlingstag, auch wenn es November ist. Er nimmt die Welt anders wahr, als wenn er nüchtern und ernst seiner Routinearbeit nachgeht.

Art und Intensität des Erlebens beeinflussen natürlich alle unsere *emotionalen* Beziehungen zu anderen. Aber auch die *kognitiven* Prozesse – Denken, Konzentration, Aufmerksamkeit, Erkennen, Kreativität – werden von freudiger Erregung gefördert: Das Interesse steigt, die Spannkraft nimmt zu, gestützt auf die Triebfedern leidenschaftlichen Forscherdrangs. Der leidenschaftlich Forschende sieht mehr vor seinem geistigen Auge. Nicht umsonst spricht man auch von Funktionslust, von Arbeitslust und «Erkenntnis-Interesse». Giordano Bruno spricht von der «Flamme des Enthusiasmus», die «nicht blindlings, wie der Schmetterling, sondern sehenden Auges» ihr Ziel verfolgt. Selbst Lenin zählte neben Bewußtsein und Wille die Leidenschaft auf, ohne die sich Revolution rasch erschöpfe, nachdem zuvor Karl Marx die Leidenschaft als «die energisch nach ihrem Gegenstand strebende Wesenskraft des Menschen» definiert hatte. Auch Mao Tse-tung verband Revolution und Leidenschaft, wenn er von «revolutionärer Begeisterung» sprach.

Wir kommen zum Schluß dieses Kapitels. Leidenschaft übt einen starken und unaufhörlichen Einfluß auf uns aus. Sie steht in ständigem Kampf mit der Moral und setzt sich oft wider alle Vernunft durch, dann nämlich, wenn leidenschaftliche Wünsche rücksichtslos durchbrechen und der Mensch «außer sich» gerät.

Da wir aber um den Wert der Leidenschaften für unser Ich zuwenig wissen und zu sehr Angst haben vor unkontrollierten Durchbrüchen der Leidenschaft, verdrängen und verleugnen wir sie mit Hilfe besonderer psychischer Abwehrmechanismen, gefolgt von der unweigerlichen Konsequenz verschiedenster seelischer Störungen – von der Neurose über die Psychose bis zu kriminellen Verhaltensweisen. Am stärksten sind unsere leidenschaftlichen Gefühle in der psychosomatischen Erkrankung gebunden, abgekapselt im organischen Symptom. Unter dem inneren Druck der Moral und unter dem äußeren Zwang zusätzlicher triebfeindlicher gesellschaftlicher Kräfte bleibt uns dann nur übrig, als Menschen ohne Leidenschaft, wie Roboter, unser Tagewerk zu verrichten, im Grunde am Leben vorbeilebend. Aber «Leidenschaft erfaßt alles Menschliche», sagt Balzac, und jede seiner lebendigen Gestalten belegt dies. Wir tun also gut daran, diese menschlichen Kräfte in uns nicht zu verdammen, sie nicht als unvernünftig ins Unterbewußtsein abzuschieben, um sie damit bewußter Kontrolle zu entziehen. Wir sollten sie viel eher in uns aufsteigen lassen, uns ihrer annehmen, sie studieren im Gespräch mit Freunden, sie – schlicht gesagt – einfach leben in offener Auseinandersetzung in Partnerschaft, Familie und Beruf. Unser berufliches Handeln wäre dann nicht bloße Tätigkeit oder, um mit Marx zu sprechen, «entfremdete» Arbeit, sondern Berufung, in der wir ebenso einem Ruf des Herzens folgen wie in unseren zwischenmenschlichen Beziehungen. Mag dies auch für viele unserer Mitbürger noch Utopie sein, es ist ein Ziel, für dessen Realisierung sich einzusetzen mehr denn je notwendig ist.

Leidenschaftlicher
Haß

ÄRGER, ZORN,
WUT UND GROLL

Wir sprechen von leidenschaftlicher Abneigung gegen einen bestimmten Gegner, von einem anhaltend starken Gefühl, das sich zu bitterem *Haß* steigert, sooft uns dieser Mensch begegnet. Deswegen glaube ich auch, Haß als eine Leidenschaft im Rahmen dieses Buches behandeln zu müssen. Ich werde im Laufe dieser Ausführungen noch näher begründen, weshalb. Es gibt Menschen, die Haß säen, wo immer sie auftreten, die, gehässig gegen alle, ihren Haß im Herzen tragen und nähren. Die gesamte Persönlichkeit scheint haßerfüllt. Kaum ist ein Anlaß gegeben, schon wird ein Streit vom Zaun gebrochen, schon wirft der Haßerfüllte seinen Haß auf seinen Gegner. Haß ist meist unversöhnlich. Der Hassende hält stur an seinem Haß fest, er pflegt ihn geradezu und bleibt aller Einsicht gegenüber unzugänglich. Mit blindem Haß verfolgt er den Gegner, ohne von ihm lassen zu können. Oder er wendet sich ab, lehnt ihn ab, entwertet ihn, läßt ihn sitzen, um sich jemand anderem zuzuwenden – eine zuwenig beachtete Form des Hassens; viele Fälle der Untreue sind so zu verstehen. Verborgener Haß ist auch das Motiv in vielen Fällen von Verleumdung, Intrige und Verrat. In sehr versteckter Form können auch das Nichteinhalten von Verabredungen und allgemeine Unzuverläsigkeit Ausdruck latenten Hasses sein.

Haß kann zu rasendem Zorn auflodern und sich jäh, als *Jähzorn*, wie ein Gewitter unter wüsten Schimpfkanonaden entladen und ebenso rasch, wie er entbrannte, wieder abklingen und eine gereinigte Atmosphäre hinterlassen. Insofern befreit

Zorn den Menschen, man kann sich auch nicht zu Tode zürnen, wohl aber zu Tode ärgern, oder man kann vor angestautem Groll sterben.

Zorn kann aber auch als «heiliger» oder «gerechter» Zorn den Menschen dazu bringen, sich für ein Ziel einzusetzen und dafür zu kämpfen. Die Lust dabei drückt sich in Sprache und Handlung aus. Hier können wir also durchaus von «leidenschaftlichem» Zorn reden, dann zum Beispiel, wenn sich jemand leidenschaftlich für eine Sache einsetzt, nicht klein beigibt, sondern zornig für sie kämpft; ein *konstruktiver* Zorn. *Destruktiv* wird Zorn, wenn er in Tätlichkeiten, in grausame Handlungen ausartet und sich in Foltern oder Töten des Opfers äußert. Die Lokalteile der Zeitungen sind voll von Berichten über handgreifliche Auseinandersetzungen und Gewaltanwendung gegenüber Menschen: Da werden Menschen aus wildem Haß in der Erregung erstochen. Da wird aus tödlichem Haß geschossen, trotz Schußwaffenverbots. Wir brauchen aber nicht gleich in die Unterwelt der Gewaltkriminalität zu gehen. Jeder kennt die Boshaftigkeit seiner Mitmenschen, wenn sie über abwesende Dritte sticheln, sie schlechtmachen; jeder kennt den beißenden Spott, mit dem Menschen ihre Mitmenschen herabsetzen und entwerten. Wenn wir ehrlich sind, stellen wir solche Neigungen auch in uns selbst fest, möchten sie nur nicht wahrhaben. So geht es uns zum Beispiel mit Gefühlen der Schadenfreude, wenn es unserem Gegner schlechtgeht, ihm ein Unglück widerfahren ist. Wer kennt nicht die insgeheime Freude über den Schaden, den der Nachbar erleidet, wenn *er* Konkurs anmelden muß und nicht wir. Diese alltägliche und allzumenschliche Boshaftigkeit und Schadenfreude sind Ausfluß des uns erfüllenden Hasses.

Nichts menschlicher als Haß. *Daß* wir hassen, davon müssen wir ausgehen. Damit ist auch Margarete Mitscherlichs Frage «Müssen wir hassen?» mit einem klaren «Ja» beantwortet, und wir brauchen uns nicht lange mit Ausflüchten aufzuhalten. Daß dem so ist, beweist das Verhalten der Menschen seit Urzeiten.

Timon von Athen, die Hauptfigur in Shakespeares gleichnamigem Schauspiel, ist ein typisches Beispiel eines Haßmenschen. Er ist der personifizierte Haß. Sein Haß wendet sich gegen alle: Er lädt Gäste zur Tafel ein, setzt ihnen aber nur Schüsseln mit nichts als Wasser darin vor und jagt die Gäste anschließend wütend aus dem Haus. Er verflucht die Menschen und zieht sich in eine Einsiedlerklause zurück. Die Versuche seiner Mitmenschen, die begangenen Fehler wiedergutzumachen, schlägt er voller Hohn in den Wind, unversöhnlich und unerbittlich in seinem Haß. Wir sehen bei Timon auch schon den Anlaß des Hasses: Timon hatte sein Vermögen an Bittsteller verschwendet und als er bei ihnen Hilfe suchte, diese nicht gefunden. Sein Haß ist also reaktiv und enthält sehr viel Rache als untergründiges Motiv des Hasses. Die Zurückweisung hatte ihn in seinem Stolz empfindlich gekränkt, und dafür rächt er sich.

Hier sind wir schon einer wichtigen *Ursache leidenschaftlichen Hasses* auf der Spur, einer Ursache, in die wir uns, so hoffe ich, aus eigenem Erleben gut einfühlen können: Jemand hat uns eine Bitte abgeschlagen. Es geht um eine unser Leben sehr zentral betreffende Sache, etwa um die Liebe eines Menschen, ein beruflich wichtiges Ziel oder um eine existentiell bedeutsame finanzielle Hilfe. Der Freund soll uns helfen, um den Engpaß überbrücken zu können. Er lehnt ab. Die aus der Ablehnung folgende Kränkung ist um so größer, je größer unsere Abhängigkeit ist, das heißt, je mehr wir auf seine Hilfe angewiesen sind und je mehr wir damit gerechnet haben, keine Fehlbitte zu tun. Nun hat uns aber der Freund «enttäuscht». Diese Enttäuschung ist schwer zu ertragen, sie tut weh. Wir spüren den Schmerz, sind zutiefst getroffen, in einem Wort: gekränkt. Die Reaktion darauf ist Haß, weil der Freund uns nicht geholfen hat, uns womöglich schaden wollte. Damit ist er nicht mehr Freund, er wird zum Feind. Der Haß kann sich bei der nächsten Begegnung in gesundem Ärger über die Ablehnung, in unmittelbarem Angriff äußern, in Schimpfen und Fluchen entladen, sich Luft machen: «Was hast du dir denn dabei gedacht, was denkst du dir überhaupt? Ich finde dein Verhalten nicht fair!» Wenn wir Glück haben, wird der Freund einlenken, oder er wird seinerseits seine Handlungsweise erklären und begründen. Äußert sich der Haß nicht, wird er zum würgenden, erstickenden *Ärger*. Wir schlucken ihn hinunter, er ist aber dann nicht unwirksam, sondern wirkt nun nach innen, drückt uns gleichsam nieder. Depression ist die Folge. Der Ärger kann sich so tief in uns eingraben, daß er in «doppelter Verdrängung» zu einer psychosomatischen Erkrankung, etwa zu einem Magengeschwür, einer Gallenerkrankung oder einem Darmleiden führt. Der Sprachgebrauch beweist die Zusammenhänge: Der Ärger legt sich uns auf den Magen, da geht uns die Galle hoch, wir haben eine Wut im Bauch. Der Mensch kann schwarz werden vor Ärger, ja sich sogar zu Tode ärgern.

Haß kann sich auch als *Groll* in uns anstauen, eine Form chronischen Hasses, der die gesamte Persönlichkeit charakterisiert. Man könnte von einem haßerfüllten Charakter sprechen. Solche Menschen haben, wenn wir sie näher untersuchen, eine ganze Kette von Kränkungen und Enttäuschungen hinter sich, die schon in der frühen Kindheit begannen. Viele in Heimen aufgewachsene Kinder sind vernachlässigte Kinder, sind «Kinder, die hassen», bestehen eigentlich aus nichts anderem als aus Haß. Haß und Groll sind ihre einzigen Äußerungsmöglichkeiten gegenüber den Mißhandlungen, denen sie ausgesetzt waren. Verstoßen und abgelehnt, allein gelassen und ohne jede Hilfe, können sie keinerlei Selbstbewußtsein entwickeln. Diese Kinder zeigen uns, wie eng der Zusammenhang zwischen Haß und Selbstbewußtsein ist. Insofern sind hassende Menschen in ihrem Kern empfindlich getroffene, verletzte, sehr selbstunsichere Menschen. Das schwelende Gefühl von Groll und Haß verdeckt nur die Schwere der Kränkung und Enttäuschung, die sie erlitten haben. Von Kampfeslust, heiligem Zorn und Leidenschaft können wir bei ihnen gewiß nicht sprechen. Es handelt sich vielmehr um eine Affektäußerung, die reaktiv auf lieblos gleichgültige Behandlung, Ablehnung oder körperliche Züchtigung entstanden ist. Der plötzliche Entzug von zuvor im Übermaß gewährter Zuwendung hat dabei besonders verheerende Folgen, denn während der Zuwendung sind wir besonders offen und voller Vertrauen, damit aber auch besonders verletzbar. *Dies ist die seelische Verfassung des kleinen Kindes. Schon das Ausbleiben lebensnotwendiger Zuwendung erlebt es daher als Katastrophe, als Verlust. Der Hunger nach Liebe wird nicht gestillt. Die Folge ist, daß diese Kinder gleichsam seelisch verhungern. Es verwundert daher nicht, wenn sie zu Hassern werden und mit ihren Mitmenschen kalt, hart und herzlos umgehen, ist doch ihr Verhalten lediglich Reflex dessen, was sie selbst erfahren haben.*

Elementare Bedürfnisse nach Schutz und Sicherheit, die so stark sind, daß man von einem *Sicherheitsprinzip* sprechen kann, sind selbst dem Lustprinzip übergeordnet. Fehlt Kindern dieses basale Sicherheitsgefühl aus Mangel an liebender Zuwendung, hassen Eltern ihre Kinder offen oder verdeckt oder schwanken sie zwischen übermäßiger Liebe und Haß, dann säen sie gleichsam Haß und brauchen sich über spätere Jugendkriminalität und Abgleiten in Drogenkonsum eigentlich nicht zu wundern.

«In der letzten Nacht haben Unbekannte an parkenden Autos in der X-Straße Schäden in Höhe von rund zehntausend Mark angerichtet. Sie zerschnitten oder zerstachen Reifen, zerschlugen Scheiben, brachen Außenspiegel und Antennen ab oder beschädigten den Lack, indem sie ätzende Flüssigkeiten darüber gossen» (FAZ, 17. 5. 1977). So lautet eine der vielen derartigen Meldungen in der Tagespresse. Bei solchen Verhaltensweisen, die sich ungezielt nach außen entladen, sprechen wir von *Wut* im Gegensatz zu Haß, der sich immer auf einen ganz bestimmten Menschen richtet. Meist handelt es sich hierbei um ohnmächtige Wut, aus der heraus ein gekränkter

Mensch wutentbrannt um sich schlägt, rasend vor Wut alles, was ihm in den Weg kommt, zerstört, vor Wut schäumend. Solche Wutreaktionen sind, unserer Definition im zweiten Kapitel gemäß, ebenfalls Affekte, nämlich kurzdauernde, direkte Reaktionen auf von außen kommende Reize.

Langanhaltenden Haß oder Groll, vor allem, wenn er sich in kämpferischer Weise äußert, können wir dagegen durchaus als Leidenschaft bezeichnen, denn er erfaßt den ganzen Menschen mit dem Ziel, dem Gegner Leid zuzufügen. Haß ist zum Selbstzweck geworden: Haß um des Hassens willen.

Eine physiognomische Beschreibung solcher Menschen aus dem 19. Jahrhundert lautet folgendermaßen: «Haß macht das schönste Gesicht widerwärtig und verwischt alle sanfteren und helleren Züge. Eine gehässige Seele gibt dem Angesicht einen bleibenden Typus, in welchem die Linien der aus Haß entspringenden Leidenschaften wie Schattenstriche gezeichnet liegen, jeden Augenblick drohend, sich zu heben und zu bewegen und die Miene allein zu beherrschen. Die Stirn ist mit Furchen bedeckt, die gegen die Nasenwurzel hin in senkrechten und gebogenen Linien zusammenlaufen; die Augenbrauen sind gegen die Nase hin niedergezogen; das Auge blickt mit lauerndem, düsterem, kaltem Glanz am liebsten seitwärts, und seine Bewegungen sind zuckend, drohend oder feindlich. Der Mund ist in seinen Winkeln gesenkt, eingezogen, der finsteren Linie sich anschließend, die von den Nasenflügeln beiderseits wie ein dämonisches Schattenzeichen in unschöner, geringer Bogenkrümmung herabläuft; die Unterlippe drängt hervor und nach oben und hebt damit die Oberlippe in ihrem mittleren Teil.»

Wenn der Haß den Menschen so zeichnet, dann ist er doch verabscheuungswürdig, dann kann Haß doch keine Leidenschaft sein! Richtig: Verfolgt der Haß kein gutes Ziel, bleibt er ziellos, das heißt: ohne Bezogenheit auf Menschen, dann entartet er zu schierer Gehässigkeit, wird er zur Perversion. Aber: Bezieht sich der Haß in unbändigem Grimm, gleichsam in einem «heiligen» Krieg auf Feinde, die uns in unserer Existenz elementar bedrohen, dann heilt die kämpferische Verteidigung der eigenen Existenz den Haß. Dann kräftigt und stärkt Haß Geist, Seele und Körper, dann spornt er an zu siegreicher Auseinandersetzung, dann kann Haß sogar *leidenschaftlich* sein.

Gespeist wird die Erregung von Haß, Wut, Ärger und Zorn, also der «kämpferischen» Leidenschaft, der «Kampfeslust» aus einer inneren, köperlichen Quelle. Die Ursache ist aber äußerlicher Natur. Insofern bin ich der Meinung, daß diese negativen Affekte und Leidenschaften die Folge einer Einwirkung von außen sind. Ohne Energiezufuhr aus körperlicher Quelle wären sie aber ebensowenig möglich. Deswegen ist jedoch aggressives Verhalten noch nicht Folge eines besonderen Aggressionstriebes. Triebhaft sind Hunger und Durst, bis der Hunger gesättigt und der Durst gestillt ist. Beide elementaren Bedürfnisse steigern sich, wenn sie nicht befriedigt werden, und schwinden, wenn sie befriedigt sind. Diese periodische Sequenz trifft auch für *sexuelles* Verhalten zu. Wir führen es daher mit Fug und Recht auf einen speziellen Sexualtrieb zurück.

Verstehen wir *aggressives* Verhalten so wie das Verhalten eines Tieres, das auf Beute aus ist, dann wäre es triebhaft. Wenn wir aus Hunger oder Nahrungstrieb etwas zerstören, dann verhalten wir uns wie die Tiere triebhaft oder wie die Jäger, die Tiere jagen, um sich davon zu ernähren. Wir haben es aber heute nicht mehr nötig zu jagen. Als zivilisierte Menschen bekommen wir das Fleisch bereits zerlegt und zubereitet auf den Tisch. Würden wir aber hungern wie die Menschen der Dritten Welt, dann würden wir zwangsläufig merken, daß wir wie unsere jagenden Urahnen dem Nahrungstrieb preisgegeben sind.

Wenn wir uns, *primär* tätlich angegriffen durch andere, reaktiv, also *sekundär*, verteidigen oder, seelisch durch entsprechend kränkende Äußerungen beleidigt, uns wehren, *bedarf*

es meines Erachtens *nicht der Konstruktion eines Aggressions-*
triebes. Die Energie unseres Verhaltens stammt zwar, wie gesagt, aus körperlichen Quellen, aber die Ursache ist äußerlich.

Fassen wir den Begriff «Frustration» entsprechend weit – Versagung, Kränkung, Enttäuschung, Beleidigung; all dies ist
Frustration –, *dann ist Frustration in der Tat die Ursache ag-*
gressiven Verhaltens. Dies gilt besonders für lang anhaltenden
Groll oder Zorn aus Leidenschaft. Hier wird die körperliche
Produktion der Erregung durch eine ständig virulente Vorstellung von Haß unterhalten, durch Phantasien von Tod und
Zerstörung, durch Todeswünsche. Wir kommen somit zu
einer *psychosomatischen Aggressionstheorie*, zu einer Theorie
des Hasses, die die Doppelnatur des aus Leib und Seele bestehenden Menschen widerspiegelt. Sie entspricht der Auffassung von Krankheit in der psychosomatischen Medizin, nach
der Leib und Seele stets simultan, also gleichartig, reagieren.
Diese Doppelnatur des Ergriffenseins von Körper und Seele
finden wir bei allen Leidenschaften. Die köperlichen Begleit-
erscheinungen sind nur nicht immer erkennbar.

Den *Haß zwischen den Generationen* möchte ich noch besonders hervorheben: Kinder hassen Eltern, und Eltern hassen
Kinder. Enttäuschte Erwartungen und Hoffnungen sind die
Ursache. Kinder entwickeln sich anders, als die Eltern es er-
warteten. Die Eltern ihrerseits haben das Kind enttäuscht; zuerst in ihrer Größe vom Kind hoch geehrt und geachtet, erkennt dieses später, wie sie wirklich sind, wie sie zum Beispiel
im Dritten Reich und im Zweiten Weltkrieg versagt haben,
später im Vietnamkrieg, in der alltäglichen Politik. Auch hier
korrespondiert die Heftigkeit der Wut dem Ausmaß der Enttäuschung, die wiederum eine Funktion des Grades der Idealisierung ist: Die Wut der enttäuschten Studenten ist deswegen
so groß, weil «die dritten Väter», die Professoren, nicht den
idealen Erwartungen entsprechen, nachdem die ersten Väter,
die der Familie, und die zweiten, die der Schule (die Lehrer),

schon früher enttäuscht haben. Töchter und Söhne hätten sich hier Väter gewünscht, die ihre Rolle voll übernommen und ihre Funktion als gutes Vorbild auch erfüllt hätten.

Die größte Enttäuschung aber haben wir, der Psychoanalyse gemäß, in der Kindheit erlebt; dann nämlich, wenn sich das Kind in seinem leidenschaftlichen Liebesbedürfnis zurückgewiesen fühlt und sich enttäuscht von der Mutter zurückzieht. Es versucht dann sein Glück beim Vater, um abermals zurückgewiesen zu werden. Diese schmerzlichen Erfahrungen erleben wir als Junge wie als Mädchen; nur mit unterschiedlichen Akzenten: Als Mädchen wird uns die Abweisung durch den Vater mehr treffen, als Junge die durch die Mutter. Der Junge kann nicht die «Mama» heiraten und das Mädchen nicht den «Papa». Dies ist die Situation schwersten kindlichen Leids und der kummervollsten Versagung. Wir sind ihr ohnmächtig ausgeliefert, zunächst unfähig, Leid und Kummer zu verkraften oder gar zu verstehen.

Deswegen sind wir auf verständnisvolle gütige Eltern angewiesen, die uns helfen, unseren Schmerz zu überwinden. Daran aber mangelt es. Denn allzuoft vernachlässigen diese zugunsten anderer Interessen in Beruf und Partnerschaft ihre Kinder, lehnen sie ab oder überlassen sie anderen. Sie wissen mit ihnen nichts Rechtes anzufangen, sind selbst unfähig zu lieben, oder sie hassen die Kinder offen oder verdeckt. Grund ihres Hasses ist das Erlebnis, selbst nicht geliebt, sondern gehaßt worden zu sein. Belasten wir aber nicht einseitig die Eltern, sehen wir auch deren Schicksal: Leidgeprüfte Eltern werden von der Umwelt im Stich gelassen; was bleibt ihnen anderes, als sich an ihren Kindern schadlos zu halten? Freilich erkaufen sie sich diese Abfuhr ihrer Affekte mit Schuldgefühlen, die um so stärker sind, je mehr sie glauben, einem hohen Ideal von Elternschaft entsprechen zu müssen.

In jedem Fall sind es *Enttäuschungen*, die dem Haß vorausgingen, die verletzt haben, so daß einem solchen Menschen nichts anderes übrigbleibt, als, fixiert an den Haß, zum Hassenden zu werden. In dem Roman «Mars» von Fritz Zorn schreibt sich ein todkranker Sohn reicher Eltern, *die ihn aber seelisch verhungern ließen*, den Haß von der Seele in einem Wettlauf mit dem Tod, den er nicht gewinnt. Die Eltern sind die Angeklagten. Der Haß fand also seinen Adressaten. Oft bleibt er aber zurückgewendet auf sich selbst und wird zum Selbsthaß, der das eigene Leben vergiftet, so daß nicht selten Suizid, der Selbstmord, als der einzige Ausweg erscheint.

Dieser Haß, von der Tochter auf den Vater, vom Sohn auf die Mutter, kann sehr leicht auf einen gegengeschlechtlichen Partner übertragen werden, dann wird er zum *Geschlechterhaß*: Thema vieler Stücke Strindbergs. Im «Totentanz» haben das Ehepaar Alice und Edgar am Tag der silbernen Hochzeit nichts anderes zu tun, als sich gegenseitig zu quälen und einander die Schuld in die Schuhe zu schieben, und zwar deswegen, weil der eine den anderen ausbeute, aussauge, sein Leben usurpiere, beanspruche, als Opfer mißbrauche.

Schon die Sage berichtet von dem heute aktuellen Haß der Frauen auf die Männer. Kleist widmete diesem Thema sein Drama «Penthesilea»: Einst fielen Äthiopier bei den Skythen ein, töteten die Männer und bemächtigten sich der Frauen. Fortan haßten die Skythenfrauen die Männer. Als Amazonen überfielen sie ihrerseits das Land der Äthiopier, nahmen die Männer gefangen und entließen sie erst wieder, nachdem sie mit ihnen das Liebesfest gefeiert hatten. Penthesilea will Achill erobern und kann es nicht ertragen, daß dieser sie liebt. Sie muß Sieger bleiben. Als sie bemerkt, daß Achill ihr zuliebe scheinbar nachgibt, schießt sie ihm wutentbrannt einen Pfeil in den Hals und läßt den verhaßten Mann von einer Hundemeute zerfleischen.

Penthesilea ist unfähig zu lieben, wozu immer auch gehört, abhängig sein zu können. Um den Preis des Alleinseins wird die Beziehung zum Mann abgebrochen, so verhaßt ist die Abhängigkeit von ihm. Auch bei Alice Schwarzer und Esther Vilar wird das gegenseitige Aufeinanderangewiesensein von Mann und Frau als Minderwertigkeit, als Unterordnung erlebt – mit dem Unterschied, daß die eine der modernen, streitbaren Damen die Unterdrückung durch den Mann offen anklagt und zum Widerstand gegen die Männer aufruft, während die andere, wie viele ihrer Geschlechtsgenossinnen, den Mann in dem Glauben läßt, er sei der Tonangebende, während sie ihn in Wirklichkeit beherrscht, «dressiert». Woher rührt dieser Geschlechterhaß? Aus Unsicherheit und Minderwertigkeit; aus Gefühlen, die nicht bewußt werden dürfen, weil ihre Erkenntnis zu kränkend wäre? Auch hier gilt die Relation: Je unsicherer ein Mensch, um so größer der Haß. Penthesileas Verhalten ist nur eine Zerrform einer prinzipiellen Ablehnung, welche die Frau alle möglichen Ausreden finden läßt, sich ja nicht hinzugeben, und die im Extrem in neurotischer Symptombildung zu Frigidität oder Vaginismus führen. Hingabe erleben diese Frauen als Erniedrigung, das Eindringen des Gliedes als «Penetration», als feindliches Inbesitznehmen, als «Sexmonopol» des Mannes, wie Alice Schwarzer sich ausdrückt.

Nun gibt es in der Tat viele Männer, die die Frau wirklich vergewaltigen, sie unterdrücken, sie ausbeuten. Dies darf aber nicht generell zur Ablehnung des Mannes, zum Geschlechterhaß führen. Das Umgekehrte trifft genauso zu: Es gibt Frauen, welche die Männer unterdrücken. Auch das darf nicht generell zu Frauenhaß führen. Dies anzunehmen, wäre Ausdruck eines neurotischen oder pervertierten Irrtums zwischen den Geschlechtern. Hier kann die Psychoanalyse zu einer von Geschlechterhaß befreiten Beziehung zwischen Mann und Frau führen, derer wir heute mehr denn je bedürfen. Dazu gehört die Erkenntnis: Auch der Mann ist abhängig von der Frau, und es fällt ihm oft schwer, sich diese Abhängigkeit einzugestehen. Auch er hat Minderwertigkeitsgefühle, die er durch Einwilligung in die Unterwerfung oder durch Auflehnung gegen Unterwerfung abzuwehren versucht. Im ersteren Fall dominiert die Frau über den «dressierten Mann», im zweiten bekämpft der Mann die Frau. Wiederum gilt die Relation: Je schwächer das Ich, desto heftiger der Haß. Selten ist Haß aber offen, meistens ist er verdrängt, durch neurotische Symptome ersetzt oder abgelöst durch die Gleichgültigkeit gefühlloser Entfremdung.

Ich möchte dieses heikle Kapitel über den Haß *zwischen Mann und Frau* nicht beschließen, ohne noch einmal auf die Gefahr der Verallgemeinerung hingewiesen zu haben: *Die Männer* sind schuld an allem Übel oder *die Frauen* sind die Wurzel des Elends. Es gibt freilich Männer, die, in Übereinstimmung mit einer gesellschaftlich geschützten patriarchalischen Sexualität, die Frau ausbeuten, zum Sexualobjekt degradieren. Hier hat Frau Schwarzer recht, und Esther Vilar spielt ihr das Argument in die Hand. In dieser Sicht ist auch den Feministinnen durchaus zuzustimmen, wenn sie die Abhängigkeit von einem sie wirklich unterdrückenden Mann abwerten, die Hingabe an solche Männer ablehnen und sich für die Freiheit der Frau einsetzen.

Wenn aber die Frau die Beziehung zum Mann generell als Unterwerfung erlebt, dann stimmt etwas nicht. Dann ist es sehr wahrscheinlich, daß die Frau, ohne es zu wissen, eine als Kind erlittene Demütigung auf den Mann «überträgt», diese während des Geschlechtsverkehrs wiedererlebt und deshalb ihren Partner haßt. Wenn dieser es nun gut mit ihr meint, sie dies aber nicht erkennt, dann schadet sie sich selbst, bringt sich um ihre Weiblichkeit und um das Glück sexuellen Erlebens mit ihrem Partner. Damit zerstört sie – seelisch gesehen – nicht nur den Mann, sondern auch sich selbst.

Dasselbe gilt – mutatis mutandis – für den zwar weniger attraktiven, aber nicht minder aktiven Frauenhaß auf seiten der Männer, wenn diese in der Frau unbewußt die versagende Mutter erleben und, häufiger untergründig als offen, Frauen hassen und sie nicht lieben können. Dieser oft leidenschaftliche Haß zwischen den Geschlechtern hat viel mit Neid zu tun. Wegen der zentralen Bedeutung des Neides unter den Menschen werden wir diesem Thema noch ein eigenständiges Kapitel widmen.

Haß, Rache
und Terror

KONSTRUKTIVE UND DESTRUKTIVE LEIDENSCHAFTEN

Wir erörterten im letzten Kapitel die *Gefühle* Haß, Zorn, Ärger und Groll und lernten dabei, daß Zorn und Ärger als typische *Affekte* im Sinne von kurzdauernden Reaktionen auf äußere Erfahrungen anzusehen sind, während anhaltender Haß und Groll *Leidenschaften* sind, die voller Begierde die Schädigung, ja die Zerstörung des Gegners suchen. Als Beispiele leidenschaftlichen Hasses befaßten wir uns mit dem Kampf zwischen den Generationen, zwischen Eltern und Kindern, zwischen Kindern und Eltern. Wir erörterten die vielfältigen Ursachen von Streit zwischen den Geschlechtern, zwischen Mann und Frau, zwischen Frau und Mann. Dabei kam auch die aktuelle Frauenbewegung zur Sprache: Wir kritisierten deren einseitig *politische* Zielsetzung, die, an einem extrem übersteigerten Feindbild «Mann» orientiert, die Männer bekämpft. Wir bejahten aber ihren *psychologischen* Gehalt, wenn sich die Frauen selbst befreien und den Männern zeigen, daß die Männer nicht nur die Frau zugrunde richten, sondern sich selbst, wenn sie an einem Männlichkeitsideal festhalten, bei dem der Mann nur immer überaktiv und erfolgreich zu sein hat. Dieses Ideal hat uns in der Tat gewaltige Leistungen in Wissenschaft und Technik beschert, in seiner einseitig rationalen Orientierung hat es aber zugleich unser Gefühlsleben und unsere Leidenschaften erstickt, so daß viele Menschen in einer Welt ohne Leidenschaft versteinerten Charakter-Panzern und seelenlosen Hüllen gleichen. Wenn uns die Frauenbewegung zeigen will, daß durch die Herrschaft der

Technik Werte wie Zärtlichkeit, Weiblichkeit, Gefühl und Leidenschaft unterdrückt werden, dann sind ihre Ziele absolut zu begrüßen. Lebendige Diskussion, Tanz, gemeinsames Wohnen, die Bildung von Gruppen mit der Chance des Erprobens neuer Erlebnisformen könnten uns *eine neue Sinnlichkeit* bescheren, würden uns mehr Hingabe an Gefühl ermöglichen und würden uns helfen, uns über eine gegenseitige Intensivierung der dabei beteiligten Gefühle eine neue Leidenschaftlichkeit zu schenken. Die Männer ihrerseits sind aufgerufen, sich ihre jahrhundertelangen patriarchalischen Verhaltensweisen bewußtzumachen, ihre Unterdrückung der Frau, ihre vergewaltigenden Neigungen, ihre Versorgungsansprüche. Nun aber zu unserem nächsten speziellen Thema: Haß, Rache und Terror.

Haß, vor allem leidenschaftlicher Haß, hat viel mit Rache zu tun. *Rache*, eine besondere Form von Feindseligkeit, bei der der Angriff nicht sofort erfolgt, sondern auf später verschoben wird, meint Vergeltung für erlittenes Unrecht. Insofern enthält der leidenschaftliche Haß der Jüngeren gegen die Älteren, der Frauen gegen die Männer und umgekehrt als Leitmotiv immer auch Rache.

Penthesilea rächt sich an den Männern für deren kriegerischen Einfall in ein friedliebendes Land, für das Töten der Männer des eigenen Landes und für den Mißbrauch der Frauen. Deswegen sinnt sie auf Rache und schreckt auch vor dem Töten nicht zurück. Demgegenüber erscheint unsere heutige Frauenbewegung als geradezu gemäßigt. Doch das Wort «Bewegung» drückt Leidenschaft aus, die sich im leidenschaftlichen Einsatz für die Idee, im Engagement, im Enthusiasmus und im leidenschaftlichen Kampf für die Emanzipation der Frau äußert.

Die Sage gibt uns weitere Einblicke in abschreckende Abgründe von Menschen, die rachedurstig nichts anderes mehr tun und lassen können, als Rache zu brüten, deren Leben ausgefüllt ist von nichts anderem als von Rachsucht. So nimmt zum Beispiel die verstoßene *Medea* blutige Rache als Vergeltung für die Untreue ihres Mannes Jason, den sie bekanntlich nicht anders zu treffen weiß als durch die Ermordung der eigenen Kinder. *Elektra* liebt (so wie Ödipus die Mutter Jocaste) vor allem ihren Vater Agamemnon (Ich will dich sehen, laß mich heute nicht allein!). Seinen Tod durch Aigisthos will sie rächen und gleichzeitig die Mutter treffen (als Rivalin in der Liebe zum Vater). In tieferer unbewußter Schicht ist sie wütend auf die treulose Mutter, die ihr gegenüber den Vater als Partner vorzog und sie fallenließ. Elektras Haß ist in dieser Beziehung primär Rache aus Enttäuschung. Sekundär kommt der Sexualneid der genital empfindenden Frau auf die Mutter dazu, was Haß und Rache nur noch verstärkt. Als sie das, was sie unbewußt ahnt, von ihrem Bruder Orest erfährt, daß nämlich ihr Vater Agamemnon durch seine Frau Klytemnestra, ihre Mutter, ermordet wurde, hegt sie nur noch Rachegedanken. Visionen von Rache erfüllen sie. Deren elementare Triebhaftigkeit und leidenschaftliche Wildheit offenbaren sich besonders in der lebensvollen Sprache Hugo von Hofmannsthals und – künstlerisch noch mehr gesteigert – in der rauschhaften Musik von Richard Strauß. Elektras Sinnen und Trachten beweisen, in welchem Ausmaß leidenschaftlicher Haß und Rache den Menschen packen können. Es ist eine Leidenschaft, die die Selbstaufgabe nicht scheut, die völlig kompromißlos ihr Ziel verfolgt und einzig und allein in der Vollendung der leidenschaftlichen Idee den Sinn des Lebens sucht und findet. Elektras Verhalten zeugt von Mut und Kühnheit. Es zeigt uns, mit welchem Ungestüm Leidenschaft auf ein einziges Ziel hin, hier die Befriedigung der Rache, ausgerichtet sein kann. Dabei bleibt sie aber ständig objektbezogen, eine «Passio violentissime», eine «vis irascibilis», eine leicht erzürnbare Leidenschaft, eine jähzornige Macht. Von Rache handelt auch das Nibelungenlied: Hier rächt sich Krimhild an Hagen für dessen Mord an Siegfried und für die Entführung des Nibelungenschatzes. Rache kann auch eine

Abwehr sein gegen angstvolle, verdrängte Gefühle, die derart starkes Leiden mit sich brächten, daß sie lieber verdrängt bleiben. Solche schmerzlichen Affekte entstehen besonders im Zusammenhang mit dem Verlust eines für uns wichtigen Menschen. Es sind dies Trennungsschmerz, Trennungsängste und Gefühle der Trauer. Das Sinnen auf Rache erlaubt uns dann, diese schmerzlichen und peinlichen Gefühle nicht spüren zu müssen.

Daß Rache häufig blutige Rache wird, kommt allein schon in dem Wort *Blutrache* zum Ausdruck. Hier spielen freilich nicht nur psychologische, sondern auch soziologische Gründe eine Rolle: In bestimmten gesellschaftlichen Gruppierungen herrschen besonders hohe Ehrvorstellungen. Die deswegen besonders leicht verletzte Ehre verlangt dann nach Rache, die unter dem Schutz der die Blutrache tolerierenden Gruppe auch oft an der ganzen Sippe vollstreckt wird. Noch heute erhalten wir von Zeit zu Zeit Nachrichten, daß diese Art der Rache bei uns noch in Resten erhalten ist, vor allem im Süden Europas. Honoré de Balzac hat in seinem Roman «La Vendetta», Blutrache, gezeigt, zu welch unsagbarem Leid gegenseitige Rache, wie zum Beispiel zwischen zwei in unversöhnlicher Feindschaft stehenden Familien, führen kann. Die beiden sich trotz der bestehenden Blutrache leidenschaftlich liebenden Helden des Romans werden verstoßen und enden tragisch.

Die schon bekannte Verknüpfung von Liebe mit fatalistischem Ende verdient erneut Beachtung: Der Roman zeigt, nicht unähnlich dem Drama Federico Garcia Lorcas, Bluthochzeit, in dem zwei junge, hoffnungsvolle Männer in gegenseitiger Verstrickung von Liebe und Rache ihr Leben lassen müssen, daß leidenschaftliche Liebe allzu häufig in Verderben und Untergang endet.

Das unkontrollierte Ausleben der Leidenschaft würde also das Problem des Menschen ohne Leidenschaft in einer Welt ohne Leidenschaft nicht lösen. Wer dies annähme, würde mich vollkommen mißverstehen. Es geht mir vielmehr darum, wie im dritten Kapitel ausgeführt, ein neues, die Leidenschaften besser berücksichtigendes Verhältnis zwischen menschlicher Natur, Moral und Vernunft zu finden. Was wir dazu beitragen können, möchte ich im letzten Kapitel erörtern, nachdem ich in den folgenden über Liebe und Erotik, über Sinnlichkeit, Eifersucht, Neid, über Habsucht, Herrschsucht und Ehrsucht sowie über Gier und Neugier gesprochen habe.

An dieser Stelle möchte ich mich einem heiklen Thema zuwenden, nämlich dem *Terrorismus**. Manche werden sich wundern, in einem Buch über die menschlichen Leidenschaften ein so abschreckendes Phänomen wie Terror überhaupt aufgenommen zu sehen. Ich meine dies dennoch vertreten zu können. Deswegen stehe ich keineswegs auf seiten der Terroristen, ich will vielmehr wissenschaftlich versuchen, deren Verhalten ein Stück weit psychologisch zu erklären. Nach einem UNO-Bericht aus dem Jahr 1972 sind die Motive terroristischen Verhaltens an Hand der Befunde der modernen Psychologie, der genetischen Biologie und der empirischen Soziologie keineswegs hinreichend geklärt. Nur soviel ist klar: Terroristen wollen Aufmerksamkeit in der Öffentlichkeit erregen, sie möchten die Öffentlichkeit für ihre Ziele mobilisieren. In dieser Perspektive sind terroristische Akte Appelle an die Öffentlichkeit. Sie wollen die Menschen aus einer vermeintlichen Lethargie herausreißen, sie aufrütteln. Die Wege, um dieses Ziel zu erreichen, gleichen dann durchaus denen einer religiösen Missionierung. Das Leidenschaftliche an terroristischen Handlungen sehe ich im leidenschaftlichen Erfülltsein von einem Ideal, das freilich ganz verschiedener Art sein und sehr leicht pathologische Formen annehmen kann.

Mein Beitrag zum Thema Terror bezieht sich ausschließlich

---

* Geschrieben im Juni 1977

auf Erfahrungen an Universitäten während des Abklingens der Studentenbewegung. Am Verhalten von Sympathisanten der Baader-Meinhof-Gruppe während einiger Hochschulveranstaltungen konnte ich mich von dem durchaus leidenschaftlichen Engagement für ein vermeintlich zu bejahendes Ziel überzeugen. Dieses Ziel, nämlich eine repressionsfreie Gesellschaft, wird in blind-leidenschaftlicher Hingabe, unduldsam eifernd, insofern *fanatisch*, verfolgt. Während die revolutionären Ziele und deren Repräsentanten wie Marx, Lenin und Mao Tse-tung glühend verehrt werden, richtet sich leidenschaftlicher Haß gegen alle Instanzen des Rechtsstaates, insbesondere gegen Polizei und Justiz. Es ist wirklich erschreckend, mit welchem Haß, mit welcher Verachtung Teile unserer studentischen Jugend über Grundgesetz, freiheitlich demokratische Grundordnung, über Regierung, Parlament und Bundesverfassungsgericht denken und reden. In extremer Freund/Feind-Polarität des Denkens, Wertens und Fühlens wird die Realität nicht mehr so wahrgenommen, wie sie ist. Gegenargumente werden als «borniert», wissenschaftliche Deutungen als «Kriminalisierung» oder «Psychologisierung» eines scheinbar ausschließlich politischen Verhaltens radikal bekämpft. Zuweilen besteht bei einzelnen Mitgliedern revolutionärer Gruppen nur ein kleiner Schritt bis zu jener Grenze, bei der die Utopie, für die sie leidenschaftlich kämpfen, dem Wahngebilde eines Schizophrenen gleichkommt. Schizophrene und Terroristen sind in der Tat isoliert von ihrer Umwelt, sprechen eine jeweils eigene Sprache und leben in einem dem allgemeingültigen diametral entgegengesetzten Wertsystem.

Die Geschichte der Baader-Meinhof-Gruppe begann als lockerer Freundeskreis im Zuge der Studentenbewegung der sechziger Jahre, als Massen von Studenten, im Sozialistischen Deutschen Studentenbund organisiert, «die große Weigerung» aktiv mit vollzogen, in einer neuen Solidarität zusammenhaltend, erkennbar an einer gemeinsamen, viele «vulgäre»

Ausdrücke verwendenden Sprache und an einer gegenüber dem Üblichen betont andersartigen Kleidung. Universitäten wurden umbenannt, Rektorate besetzt, man eilte von «Go-ins» zu «Teach-ins» und von da zu Demonstrationen, rief im Chor «Ho Tschi-min», um die Welt eine neue Moral zu lehren, die besser sei als die wütend gehaßte, verachtete «kapitalistische» Welt des Westens. Es gab Massenveranstaltungen, bei denen flammende Reden gehalten, leidenschaftliche Proteste und harte Forderungen erhoben wurden. Es gab Zeitschriften, Flugblätter und «Infos», in denen ebenso leidenschaftlich für die Abschaffung von Prüfungen in einem emanzipierten Studium gekämpft wurde wie *gegen* den Vietnamkrieg und *für* die Diktatur des Proletariats.

Wie sich später, nach Abebben der Studentenbewegung, herausstellte, waren es häufig junge Menschen, die, enttäuscht von ihren Eltern, neue Ideale suchten: bei Theodor W. Adorno, Max Horkheimer, bei Jürgen Habermas und Herbert Marcuse – und dort abermals enttäuscht wurden. Resignation machte sich breit. Die zuvor gezielt gegen die herrschende Gesellschaft gerichtete Gewalt machte sich nur noch diffus in Plakaten, in sinnlosen Zerstörungsakten Luft oder wirkte sich innerhalb der verschiedenen K-Gruppen desintegrierend aus. Einige Gruppen spalteten sich untereinander auf, andere gingen in den Untergrund; ihre Mitglieder begegnen uns vereinzelt als Terroristen. Deren Verhalten zeigt in extremer Weise, wie ausgeprägt sich diese Menschen in der Gesellschaft isoliert haben. Die staatlichen Institutionen werden leidenschaftlich gehaßt und bekämpft. «Natürlich darf auch geschossen werden», schrieb Ulrike Meinhof. Terrorakte sind die Folge dieser mit ihrer Eskalierung von Gewalt einhergehenden tragischen Isolierung.

Auf der anderen Seite stehen die Vertreter des Rechtsstaates, der freien demokratischen Grundordnung, die Institutionen Staatsanwaltschaft, Rechtsprechung, Strafvollzug; die Politiker in Legislative und Exekutive. Der Rechtsstaat muß das

Recht verteidigen, und sei es mit Gewalt, wenn dies auch der holländische Ministerpräsident Den Uyl, zum Beispiel bei der Befreiung der Geiseln bei Groningen im Juni 1977, als Niederlage empfand.

Was will ich mit diesem aktuellen Bezug auf Terror und auf die schwierigen Maßnahmen dagegen in einem Buch über die «menschlichen Leidenschaften» sagen? Auch im Kampf gegen Staat und Gesellschaft und in der Reaktion darauf spielen Leidenschaften eine Rolle. Krisenstäbe stehen unter einem starken emotionalen Druck. Politiker sind freilich gehalten, rational und besonnen zu handeln. Im Volk dagegen können die Reaktionen auf Terrorakte durchaus leidenschaftliches Ausmaß annehmen. Wünsche nach Rache werden wach, Lynchjustiz liegt nahe. Es bleibt uns nicht erspart, derartigen Gefahren zu begegnen und sie zu bestehen. Voraussetzung dazu ist die Einsicht in eigene Haß- und Rachegefühle, die sich bis zum Grade einer Leidenschaft steigern können. Dies gilt für beide Seiten: ehemalige Terroristen wie für die diese verdammenden Bürger. Es ist deswegen leider nicht zu vermeiden, daß Institutionen existieren, die das Recht repräsentieren. Diese rechtsstaatlichen Einrichtungen handeln aus einer Legitimation heraus, die durch die Verfassung abgesichert ist. Dem Terroristen dagegen fehlt die Legitimation seitens einer staatlichen Instanz. Er legitimiert sich selbst und hat seine eigene Rechtsauslegung. Die terroristische Handlung erlebt er als Befreiung aus lähmender Passivität, aus furchtloser Diskussion und gegenseitiger «Selbstzerfleischung». Im Suchen der Gefahr, im Risiko des Todes folgt er seiner Mission, mehr von kalter Wut als von heißem, loderndem Haß erfüllt. Terrorismus ist das abschreckende Beispiel einer Leidenschaft, die zerstört, einer destruktiven Leidenschaft.

Wie kommt es zu dieser unheimlichen Lust an der Zerstörung?

1. aus Mangel an echter Autorität, an der man sich orientie-

ren, mit der man sich auseinandersetzen, mit der man sich identifizieren kann. Hier versagten die Väter in einer «vaterlosen» Gesellschaft.

2. aus Mangel an Liebe: Enttäuscht von der Lieblosigkeit ihrer Mütter, ziehen sich die jungen Menschen auf sich selbst zurück, schließen sich in Gruppen Gleichgesinnter und Gleichgeschädigter zusammen. Damit «entgleist» der Dialog zwischen den Generationen, zwischen Eltern und Kindern.

Wir sprachen darüber schon in der Erörterung der Ursachen von Haß, Wut, Zorn und Groll. Um die «Früchte des Zorns» zu verhüten, müssen wir die Wurzel des Zorns aus dem steinigen Acker von Lieblosigkeit und Haß ziehen. Dazu gehört, daß wir erkennen, wie wir uns selbst oft lieblos verhalten, voll unterdrückter Wut, voll angestauten Ärgers. Da diese negativen Leidenschaften so primitiver Natur sind, nehmen wir sie nicht wahr, verdrängen sie lieber und projizieren sie in andere: sogenannte «Kriminelle», «Obdachlose», «Verrückte». Eher sehen wir den Splitter im Auge des anderen als den Balken im eigenen Auge. Beginnen wir aber zu sehen, wie lieblos wir im Grunde selbst sind, dann fangen wir an, was freilich nicht ohne Erschütterung und Trauer über diese Erkenntnis abgeht, uns zu bessern: im Dialog mit anderen. Dann kann primitive Wut, «das schreckliche und grausame Tier» in uns, wie Jean Louis Vives, der Vater der modernen Psychologie, sich schon 1538 ausdrückte, dem Ich verfügbar gemacht, ins Ich integriert werden und es bereichern. Ich sagte, im Dialog mit anderen. Denn es bedarf des Schutzes von Freunden und des Gefühls der Zugehörigkeit zu einer Gruppe, um die unsere Selbstachtung so leicht verletzenden, primitiven Leidenschaften in uns überhaupt wahrnehmen und verarbeiten zu können. Es reicht dabei nicht aus, daß sie uns bewußt werden. Notwendig ist es, daß wir sie fühlen.

Es kommt also nicht allein darauf an, daß Unbewußtes bewußtgemacht wird, sondern auch darauf, *daß Ungefühltes fühlbar gemacht wird.* Dabei genügt es aber nicht, daß Haß, Wut, Zorn und Rache, so wie sie als biologisch verankerte Reaktionsbereitschaft in uns sind, einfach abgeführt, abreagiert werden. Es bedarf vielmehr eines längeren Lernprozesses, um in kleinen Lernschritten die in all den genannten negativen Leidenschaften steckende «ungekonnte Aggressivität», wie es Alexander Mitscherlich einmal formulierte, in eine «gekonnte Aggressivität» zu verwandeln: in sachgerechte Selbstbehauptung, zielgerechtes Festhalten des eigenen Standpunktes, in die Verteidigung eines geliebten Menschen, in den Einsatz für eine gute Sache. Diese schwierige Kultivierung unserer negativen, *destruktiven* Leidenschaften gelingt uns aber nur dann, wenn wir auch unsere sexuellen, erotischen Leidenschaften bejahen, so daß diese mit jenen eine Legierung eingehen können: in Form forschender Neugier, gesunden Ehrgeizes, engagierten Einsatzes für eine Sache, in *konstruktiver* Kreativität. Identifizieren wir uns mit diesen Kräften mit unserer ganzen Person, dann leben wir leidenschaftlich in einem positiven Sinn, dann sind wir von guten und *gekonnten* Leidenschaften erfüllt, im Gegensatz zu den bösen und *ungekonnten* Leidenschaften des zerstörerisch Hassenden und Rachedürstenden.

Doch will ich hier keine heile Welt ohne Haß zeichnen, die es aus Gründen unvermeidlicher Ambivalenz in uns nie geben kann, weil immer gleichzeitig neben allen guten Gefühlen böse Regungen in uns existieren. Wir können aber versuchen, diese Regungen als böse Leidenschaften besser kennenzulernen durch ein «produktives Schuldgefühl» – auch ein treffender Ausdruck Alexander Mitscherlichs –, ein Schuldgefühl, das uns warnt, wenn wir aus einem bösen Impuls heraus jemand schädigen oder zu schädigen vorhaben; ein Schuldgefühl, das uns nicht unbewußt verfolgt, sondern Signal der Selbsterkenntnis ist. «Gekonnte Aggressivität» kann mir auch helfen, mich aus einengenden Bindungen, etwa an einen Elternteil oder an einen unbewußt zum Elternteil gemachten

Partner, zu lösen in einem, wie Helm Stierlin sich ausdrückt, «ich-stärkenden Elan».

Wenn wir soweit kommen würden, was hier natürlich nur als Ideal zu verstehen ist, dann könnten wir in verantwortungsbewußter Elternschaft den Bedürfnissen unserer Kinder einfühlend entgegenkommen, in optimaler Nähe und Distanz. Kinder würden auf solche Weise nicht zu eigenen Zwecken mißbraucht, sie dienten nicht als Ersatz für selbst versäumte Liebe oder als Mittel, um das eigene Versagen zu kaschieren. Voraussetzung dazu wären allerdings gesellschaftliche Verhältnisse, die den Vätern und Müttern helfen, sich so weit wie hier geschildert zu entwickeln: durch ökonomische Absicherung, durch institutionelle Regelungen, die Mütter und Väter entlasten, etwa durch Organisation von Kindergruppen, in die Kinder schon im ersten Lebensjahr gebracht werden können, ohne daß ihnen dies, soweit ich sehe, in ihrer Entwicklung schaden würde; im Gegenteil: die Kinder stützen sich gegenseitig, regen sich gegenseitig an, und die vorübergehend der Sorge um ihre Kinder enthobenen Mütter freuen sich bei der Wiederbegegnung mit ihren Kindern um so mehr und zeigen sich viel besser in der Lage, liebevoll mit ihnen umzugehen, als wenn sie sich den ganzen Tag über zwingen müssen, ständig für das Kind dazusein. Voraussetzung dazu ist eine gesunde Basis einer stabilen Beziehung zwischen Mutter und Kind, die *ohne längere Trennungen während der ersten zwei Lebensjahre anhalten soll*. Wir können unsere Kinder in die Obhut anderer geben, *aber nie, um die Beziehung zu ihnen abzubrechen*. Ein Kind braucht das Gefühl, daß «Mama» und «Papa» da sind, und wenn sie *fort sind, daß sie in jedem Fall wiederkommen*! Dies ist mein Rat an die jungen Mütter und Väter.

Es folgen Empfehlungen an die Verantwortlichen von Staat und Kirche: Diese sollten die institutionellen Voraussetzungen dafür schaffen, damit Eltern über diese Hilfen ihren schweren Erziehungsauftrag besser meistern können als bisher. Lehrer und Sozialarbeiter können sie dabei unterstützen. Eine gute familiale Erziehung aber ist die Basis für eine gelingende schulische Sozialisation.

Wenn diese *sozialen* Voraussetzungen geschaffen sind, dann können sich Eltern auf ihre Kinder richtig einstellen, sich in sie einfühlen und deren Bedürfnissen besser entgegenkommen. Psychische Fehlentwicklungen können so im Sinne einer echten Vorbeugung verhindert werden. Gefühle unterdrückter Wut und offenen Hasses gegenüber Kindern würden unter solchen günstigen psychischen Umständen gar nicht entstehen, und die Kinder müßten in Reaktion darauf gar keinen Haß ausbilden. Ein Teufelskreis würde durchbrochen. Unvermeidliche Aggressivität könnte, ins Ich integriert, als konstruktive Leidenschaft unser Handeln fördern und unsere Beziehungen untereinander bereichern.

Das ewige Rätsel
der Liebe

LIEBE UND EROTIK

Über die Liebe zu sprechen und zu schreiben ist schwerer als über den Haß. Hier ist nämlich die Diskrepanz zwischen Fühlen, Erleben, Erfahren und darüber Reden und Schreiben besonders groß. «Wenn ihr's nicht fühlt, ihr werdet's nicht erjagen», so sagt Faust in Goethes gleichnamigem Drama. Was sollen also lange akademische Ausführungen über die Liebe? Wäre es nicht besser, sich so spontan wie möglich liebendem Erleben zu überlassen? Die Welt bietet dazu doch viele Möglichkeiten. Oder sollen wir uns einmal woanders umsehen: in Literatur oder Kunst? Zahllose Romane, Dramen und Gedichte handeln von Liebe – in künstlerisch vollendeter Form bis zu den banal-primitiven Texten der Groschenromane. Malerei und Plastik zeugen von ihrer Kraft. Die Musik ist dabei ein ganz besonders geeigneter Weg, der Liebe in Liedern und Arien, in Pop und Rock Ausdruck zu verleihen. Die modernen Medien – Presse, Funk und Fernsehen – geben ihr Raum und Zeit in Hülle und Fülle.

Die Jugend singt: «All you need, is love» oder «Make love, not war». Es gibt «Feten» und «Happenings», die der Liebe gewidmet sind, regelrechte «Festivals of love». Teile der Studentenbewegung, die früher ausschließlich politische Ziele verfolgte, besinnen sich wieder auf Gefühle, entdecken die Leidenschaft und das wirkliche Leben. Dazu gehört in besonderem Maße die Liebe, wie etwa in Peter Schneiders Erzählung «Lenz» oder in Uwe Timms Roman «Heißer Sommer». An die Stelle von Dogmatismus und Orthodoxie tritt Spontaneität: Ein junger Intellektueller verknallt sich in ein schönes Mädchen aus dem Volk. Die Geliebte entschlüsselt ihm die Welt, die nun mit allen Sinnen erobert wird. Die vorübergehend rot gefärbte blaue Blume der Romantik gewinnt ihre ursprünglich blaue Farbe zurück. Jetzt erst merken die jungen Menschen, daß sie trotz Sexwelle und Pornowelle im Grunde «Analphabeten der Gefühle» geblieben sind. Auch ihnen geht es also um ein neues Erlernen des Alphabets der Gefühle, der Affekte und der Leidenschaften.

Das Gefühl Liebe, in seiner aktiven Gestalt des Liebens und in seiner Passivform des Geliebtwerdens sowie in der Steigerungs- und Dauerform der Liebe, der leidenschaftlichen Liebe, nimmt dabei einen bevorzugten Platz im Alphabet der Leidenschaften ein.

Erfahrungen in der allernächsten Umwelt und in der psychotherapeutischen Praxis zeigen, daß die Menschen durch die Sex- und Pornowelle nicht glücklicher geworden sind. Junge Menschen von heute leben in der Tat freier. So wechseln sie häufiger und leichter die Partner. Sie sind auch nicht mehr so sehr von Schuldgefühlen gequält wie ihre Eltern oder noch die Angehörigen der sogenannten «skeptischen Generation». Hier sind wirklich Fortschritte erzielt worden im Sinne einer sexuellen Emanzipation in Richtung auf eine gewisse Befreiung von alten sexuellen Tabus, zumindest äußerlich.

Haben wir aber Gelegenheit, einen solchen fortschrittlich denkenden und handelnden Menschen, der häufigen Partnerwechsel einschließlich Gruppensex nicht scheut, einmal näher kennenzulernen, dann werden wir bald eines anderen belehrt: Er ist nämlich oft gar nicht liebesfähig. Er ist zwar immer auf der Suche nach Liebe, findet sie aber nicht. So hat er sie gar nicht selbst erlebt, er kennt Liebe gar nicht, fühlt sie nicht. Dieser Mensch bleibt also in seinem Fühlen letztlich leer, er fühlt sich nicht ausgefüllt. Bei lokal funktionsfähiger «genitaler Potenz» leidet er an einer «emotionalen Impotenz» mit völlig blockierten Gefühlen der Liebe und Leidenschaft.

Jede neue Beziehung, die er voller Hoffnung beginnt, läßt ihn enttäuscht zurück. Auch Hilfsmittel wie Drogen lassen die Leere und Enttäuschung nur vorübergehend vergessen und führen nach diesem Selbstbetrug mit um so größerer Unerbittlichkeit in seelische Leere und Verzweiflung.

Die Bücher von Henry Miller, besonders «Wendekreis des Krebses» und «Wendekreis des Steinbocks», entsprechen einer teilweisen Befreiung von den Fesseln vieler sexueller Tabus; so fallen die Tabus, bislang Unaussprechliches zu sagen, bisher Ungeschriebenes zu schreiben. Diese Werke sind erfüllt von einer rastlosen, nie zur Ruhe kommenden Suche nach dem Leben, nach mehr Erleben, bei frohem Essen und Trinken, bei ungeschminkter Sexualität, die die Geschlechtsorgane endlich mit Namen nennt. Henry Millers Ausdrücke sind der Sprache des Mannes auf der Straße entnommen und werden damit literaturfähig.

Erika Jong ergänzt Henry Millers männliche Perspektive in ihrem Roman «Angst vorm Fliegen» aus weiblicher Sicht. Auch sie bricht die ihr selbst anerzogenen puritanischen Tabus, entschieden gefördert durch die Psychoanalyse, der in ihrem Buch eine große Bedeutung eingeräumt wird. Aber es bleibt eine Unvollkommenheit, von der noch offen ist, ob sie als Realität akzeptiert werden muß oder ob sie, weil durch eigene Fehler bedingt, doch noch zu beheben ist. Die Autorin findet kein Glück: nicht bei dem Mann, mit dem sie verheiratet ist, und nicht bei anderen Männern, mit denen sie geschlafen hat und mit denen sie alle möglichen sexuellen Praktiken erprobt. Am Ende sagt sie zu sich selbst: «War Ruhelosigkeit ein unumgänglicher Bestandteil des Lebens? War es besser, sich das einzugestehen, statt immer wieder Scheinlösungen zu suchen? Die Ehe ist keine Therapie gegen Einsamkeit. Kinder wachsen auf und gehen ihrer Wege. Liebhaber sind kein Allheilmittel, Sex keine endgültige Lösung.» Und nach einem Kapitel mit der Überschrift «Verführt und verlassen», in dem die Helden einander hassen und sich gegenseitig umbringen könnten, dämmern ihr Einsichten wie folgende: «Du weißt, daß Männer und Frauen einander nie ganz besitzen können. Du willst Freiheit, und du willst Bindung. Wieso glaubst du, *du* müßtest glücklich sein, wenn doch die meisten Menschen es nicht sind. Als erstes mußt du lernen, allein zu sein…»

Das ganze Buch ist ein leidenschaftliches Suchen nach Liebe, ohne daß sie gefunden wird. «Kopf-Sex» nennt dies ein Rezensent, und recht hat er, denn es wird wirklich mehr gedacht und überlegt als mit Gefühlen gelebt, affektiv erlebt, leidenschaftlich geliebt.

Schauen wir uns weiter in der Literatur um, gehen wir zurück und lesen im Buch der Bücher, der Bibel, im Alten Testament, das Hohelied Salomos. Da heißt es: «Liebe ist lieblicher denn Wein… ich bin krank vor Liebe. Seine Linke liegt unter meinem Haupte, und seine Rechte herzt mich… Des Nachts auf meinem Lager suchte ich, den meine Seele liebt… Meine Seele war außer sich, als er redete… Denn Liebe ist stark wie der Tod, und ihr Eifer ist fest wie die Hölle… Ihre Glut ist feurig und eine Flamme…, daß auch viele Wasser nicht mögen die Liebe auslöschen noch die Ströme sie ertränken… Wenn einer alles Gut in seinem Hause um die Liebe geben wollte, so gälte es alles nichts.» Soweit das Hohelied des Königs Salomo. Hier kommt Leidenschaft unmittelbar und in einfachen, das Wesentliche aussagenden Worten zum Ausdruck. Es fehlt jede Geringschätzung, jede Entwertung, keine puritanische Moral engt ein. Die Kirchenväter reden noch nicht von der siebten Todsünde, der Wollust. Alles ist frisch und unverdorben wie am ersten Tag, in seiner Ursprünglichkeit heute noch Beispiel für ungebrochene, unkomplizierte, unentstellte Liebe.

Wie verhält sich dazu die Liebe *Casanovas*, des größten Liebenden aller Zeiten? Er schreibt in seinen Memoiren: «Niemals hat es für mich anderes gegeben als Liebe.» Er wird nicht müde, der Nachwelt seine Abenteuer in zehn umfangreichen

Bänden ausführlich zu schildern. Liebt er aber wirklich die Frauen um ihrer selbst willen? Empfindet er wirklich im ekstatischen Glück der Verführung die höchste Seligkeit? Die moderne Tiefenpsychologie sieht in Casanova viel eher einen zwar sexbesessenen, aber im Grunde liebesunfähigen Mann, einen Typ, der, wie viele junge Menschen heute, die Partner wechseln muß aus einer seelischen Unfähigkeit, länger andauernde Liebe fühlen zu können. Es steckt doch stets ein Stück ablehnende Tendenz in der Zurückweisung, wenn die eine Frau zugunsten einer anderen verlassen wird. Entdecken wir hier nicht einen heimlichen Haß auf die Frauen, Geschlechterhaß? Nicht anders handeln sexbesessene Frauen, die häufig die Männer wechseln. Auch bei ihnen liegt eher Frigidität, mehr Liebesunfähigkeit zugrunde als echte Liebe. Wir hörten bereits davon im vierten Kapitel. Wie dem auch sei: Casanovas Leidenschaftlichkeit steht außer Zweifel. Bei ihm regiert das Herz den Kopf. Wörtlich heißt es: «Der Mensch kann leicht den Verstand verlieren... Er kann aber grundlegende und entscheidende Handlungen nur bis zu einem gewissen Grad selbst bestimmen.» Daß der Verstand der Liebe im Wege stehen kann, wissen wir nicht nur aus eigener Erfahrung, dies belegen auch die großen Liebenden der Literatur: Penelope und Odysseus, Romeo und Julia, Dante und Beatrice, Abaelard und Heloise, Faust und Gretchen. In Jean Jacques Rousseaus Schriften gibt das Gefühl stets den Ausschlag, bestimmt Leidenschaftlichkeit das Handeln der Menschen. Die Sprache des Herzens begegnet uns in vielen literarischen Erzeugnissen. Da heißt es: Die Menschen handeln mit ganzem Herzen; das Herz blutet ihnen; oder: sie erfüllen ihre geheimsten Herzenswünsche. Beispiele dafür sind die «intimen Memoiren» des Monsieur Nicolas oder das Leben der Madame Bovary, deren Auflehnung gegen die Verkümmerung ihrer Sinne, Gefühle und Leidenschaften in der bürgerlichheilen Welt Gustave Flaubert geschildert hat. Weitere literarische Beispiele für die Tragweite der Liebe sind die «Verlobten» von Alessandro Manzoni oder Schillers für die moderne Bühne neuentdecktes Drama «Kabale und Liebe». Was Liebe alles bewirken kann, erfahren wir sehr schön in der Gestalt des Blumenmädchens «Colombe» in Jean Anouilhs gleichnamigem Drama. Es geht von seinem Mann fort, um bei Schauspielern erstmals zu fühlen, wie Liebe ist. Die Sprache wilder Sinnlichkeit, die ungebändigte Begierde begegnet uns in der «Femme fatale» Lulu in Frank Wedekinds «Erdgeist»: Ungehemmt triebhaft, «das wilde, schöne Tier», völlig unreflektiert, im Grunde unschuldig, verführt Lulu Männer und betrügt sie mit anderen. Schließlich wird sie ein Opfer von «Jack the Ripper».

Woran liegt es nun, daß gerade leidenschaftliche Liebe so selten glücklich endet, nicht nur in den großen Romanen und Dramen von Liebesleid und Liebeslust – so enden ja auch Romeo und Julia in tödlichem Irrtum, sterben Tristan und Isolde den Liebestod –, sondern auch im Alltag?

Versuchen wir, vorerst ohne Hilfe der modernen Tiefenpsychologie, darauf eine Antwort zu finden, indem wir zunächst fragen, was die *Philosophie* zum Thema Liebe zu sagen hat: In der Philosophie wird Liebe als «vis unitiva», als Macht der Vereinigung, gesehen, das heißt als ein Tätigsein, das den Liebenden zur Geliebten, die Liebende zum Geliebten hinführt. Die Philosophie unterscheidet sinnliche, köperliche und geistige Liebe.

Die griechischen Philosophen unterscheiden die begehrende Liebe als *Eros* von der intimen, fürsorgenden Liebe, genannt *Philia*. Sie suchen die Erklärung des Mysteriums sehnsüchtiger und leidenschaftlicher Liebe im Mythos: Es sind die von Zeus zu je zwei Halbkugeln geteilten einst kugeligen Menschen, die den anderen suchen, um die verlorene Ganzheit wiederherzustellen. In einem anderen Mythos heißt es: Eros ist der Sohn des gewaltigen, unheimlichen Jägers Poros, des Gottes, der immer Rat weiß, und Penias, der Obdachlosen, Bedürftigen, Unscheinbaren. Eros trägt somit die Züge beider: das unheimliche, stürmische Wesen des Poros und das bedürftige, schutzlose der Penia.

Nach Plutarch ist Liebe ein «Rätsel, das schwer zu entdecken ist, schwer aufzulösen». Wir merken: Die tragische Trias «Liebe, Glück und Opfer» findet keine Lösung. Eine ekstatische, stürmische Gewalt, die in ihrem Pathos, ihrem Leiden dem Menschen das Steuer aus der Hand schlägt, ergreift den Menschen ganz und gar und schlägt ihn total in ihren Bann. Liebe wird deshalb auch mit «Manie», das heißt wörtlich: mit göttlichem Wahnsinn, in Zusammenhang gebracht. Bei Hesiod wird sie zum Furor, zum furchtbaren – nicht fruchtbaren – ekstatischen Eros, der in der Theogonie aus der Vermählung des Chaos mit der Erde entspringt, der «die Glieder entnervt sowie Geist und Vernunft überwältigt».

Aristoteles stellt dieser leidenschaftlichen Liebe die andauernde Freundschaft gegenüber, in der sich Angenehmes und Nützliches verbinden. Bei Augustin wird Liebe restlos vergeistigt in Wahrheitsliebe, Weisheitsliebe, Gottesliebe. Liebe fördert die Erkenntnis: «Nur als Liebende erkennen wir.» Sie führt zur «Illuminatio», das heißt zur Erleuchtung. Liebe zielt auf das Gute im Geliebten, sie will ihm Gutes tun in Form des «Amor amicitiae», der Freundesliebe, zum Beispiel bei Thomas von Aquin. Der Freund wird um seiner selbst willen geliebt. Folglich ist die Liebe, mit der man jemand liebt, wenn man jemand Gutes wünscht, die reine und einfache Liebe, also: Liebe zu jemand als ein intersubjektives Geschehen; im Gegensatz zu «Amor concupiscentiae», der begehrenden Liebe, die nicht die *Person* des anderen, sondern die *Befriedigung* der Begierde sucht, unabhängig von der Person. Descartes sieht in den «Discours sur les passions de l'âme» in der Liebe *die* große Emotion der Seele, bedingt durch eine Bewegung des Geistes. Nur große Seelen sind großer Leidenschaft fähig. Leidenschaft wird zur reinen Liebe, zu «Esprit» kultiviert.

Damit wird wieder die alte Trennung von *Eros* als leidenschaftlicher, sinnlicher Liebe und *Philia* als selbstloser Liebe betont. Während bei Spinoza Vernunft unter dem Einfluß der Liebe stillgelegt und ihrer Macht beraubt wird, kann Liebe als «Ambitio» den Geist beflügeln. Bei Jean Jacques Rousseau ist Liebe «La grande Passion», die große Leidenschaft mit dämonischer Unwiderstehlichkeit, die sich allerdings «in ihrem Feuer (oft) selbst verzehrt». Bei Friedrich Schiller lesen wir in den Briefen über ästhetische Erziehung: «Zwischen Sinnenlust und Seelenfrieden hat der Mensch die bange Wahl.» Der Dualismus zwischen Vernunft und leidenschaftlicher Liebe – Voluptas, Begierde, Wollust – scheint unauflösbar. Der Widerspruch löst sich nicht auf. Halten wir ihn fest:

Zum einen gilt: Wo keine Liebe ist, bleibt die Seele unfruchtbar und kann sich nicht entwickeln. Carl Gustav Carus schreibt in «Psyche»: *Wo Liebe ebensowenig ein dauerndes, anhaltendes Gefühl wie eine starke, den ganzen Menschen erfassende Emotion ist, dort ist keine Leidenschaft, dort ist kein Leben.*»

Und zum anderen: «Leidenschaftliche Liebe» bleibt, wie es die Sprache mit dem Worten «Leiden» in «leidenschaftlich» ausdrückt, eng mit Leiden verbunden. Sie gräbt sich leicht selbst ihr Grab und endet tragisch.

Läßt sich das Rätsel der Liebe vielleicht mit Hilfe der Soziologie lösen? Einen Ansatz dazu macht F. Müller-Lyer in seinem 1913 erschienenen Buch «Phasen der Liebe, eine Soziologie des Verhältnisses der Geschlechter». Er unterscheidet drei Arten der Liebe: erstens eine *primitive* Liebe, zweitens eine *familiale* und drittens eine *personale*, die in der Entwicklung der Gesellschaften aufeinander folgen. Wir werden hierbei auf dem Weg, das Rätsel der Liebe zu lösen, einen Schritt weiterkommen. Die *primitive* Liebe hat naive, tierische oder naivkindliche Züge. Sie herrscht in Gesellschaften, in denen es kein Problem ist, die Ehefrau dem Freund auszuleihen, in denen der Häuptling die Jungfrau vor der Heirat defloriert und in der es weder Keuschheit noch Schamgefühle gibt.

In der *familialen* Liebe ist dies anders: Der Liebende glüht vor Sehnsucht, wenn die Geliebte in der Ferne weilt. Er gibt sich seiner Leidenschaft hin, wenn sie zu ihm kommt, und er tobt vor Eifersucht, wenn sie ihn betrügt. Es ist die Zeit des Decamerone von Boccaccio und des Heptamerone Margarete von Navarras. Es ist zugleich die Zeit der Pflichtehe und der Geldheirat, in der, bis in die heutige Zeit, die Frau als Besitz des Mannes gilt. Dazu gehört die männliche Verachtung der Frau, gekoppelt mit einer Doppelmoral, in welcher der Mann alles darf und der Frau alles verboten ist.

In der *personalen* Liebe herrscht die Neigungsehe vor. Die Frau wird zur gleichberechtigten Partnerin. Freie Persönlichkeitsentfaltung ist das Ziel bei Frau und Mann. Die zuvor unterdrückte Leidenschaft erfährt ihre Wiedererweckung.

Der Gedanke, eine primitive Vorform der Liebe von einer weiterentwickelten, familialen Liebesbeziehung als Besitzverhältnis und diese von einer reifen personalen Stufe der Liebe zu unterscheiden, ist gut. Wir sehen darin ein epigenetisches Prinzip, eine Entwicklung nicht unähnlich dem biographischen Aspekt der Psychoanalyse, nach deren Auffassung sich Liebe ebenfalls aus unreifen Vorformen, aus «Urformen der Liebe» über Zwischenstufen bis zu reifen Stadien entwickelt. Die primitive Liebe entspricht der «oralen» Urform der Liebe des kleinen Kindes, das alles gierig haben will und nur nehmen kann, was der andere gibt, ohne einer Gegenleistung fähig zu sein. Die familiale Liebe des Soziologen korrespondiert der «anal-motorischen» Stufe, auf der Herrschen und Beherrschtwerden das Verhalten der Geschlechter bestimmen, während der personalen Liebe das reife, genitale Stadium analog ist: *Mann und Frau achten sich gegenseitig in ihrer Eigenständigkeit und haben ihre gegenseitige Abhängigkeit akzeptiert.*

Derartige Gliederungen von primitiven Vorformen über Zwischenstufen bis zu reifen Stadien bergen freilich die Gefahr der Wertung. Allzuleicht wird als primitiv abgewertet, was

wertvolle Triebfeder der Liebe ist und ohne das differenzier-
tere Formen um ihre elementare Triebkraft gekappt wären.

Mehr über Liebe und die immer noch nicht hinreichend ge-
klärten Zusammenhänge zwischen «Unordnung und frühem
Leid» in der Liebe im nächsten Kapitel, in dem ich versuchen
werde, mit den Mitteln der Tiefenpsychologie dem Rätsel der
Liebe weiter auf die Spur zu kommen.

Die erste große Liebe des Kindes

UNORDNUNG UND
FRÜHES LEID

Die Frage, ob es latenter Haß ist, der ständig zwischen den Geschlechtern schwelt, oder die Nachwirkung jahrzehntelanger, unterdrückender Moral, welche leidenschaftliche Liebe so oft in Leiden verkehrt, oder ob ein einander bedingender ursächlicher Zusammenhang zwischen beiden Möglichkeiten besteht, ist noch nicht beantwortet.

Die Psychoanalyse als eine Wissenschaft der Gefühle und der Leidenschaften in den zwischenmenschlichen Beziehungen wird uns aus ihrer Sicht einiges vermitteln können. Sie wird dazu um so eher in der Lage sein, je mehr sie sich als eine Lehre der Gefühle, der Leidenschaften, das heißt, wissenschaftlich ausgedrückt: als eine Gefühlstheorie, eine Psychologie der Leidenschaften begreift, deren Praxis dem Menschen hilft, besser fühlen, leidenschaftlicher leben zu können.

Es sind uns nicht bewußte Antriebe, die unser Verhalten bestimmen, die die Beziehungen gestalten. Wir denken, fühlen und handeln unter unbewußtem «Wiederholungszwang», einer Gewalt, die uns zwingt, längst überwunden geglaubte Gefühle der Vergangenheit auf Menschen der Gegenwart zu übertragen. Wenn wir uns gegenüber der Freundin unzuverlässig verhalten, sie bei Verabredungen warten lassen, wenn wir sie aus nichtigem Anlaß womöglich direkt angreifen, dann muß dieses Verhalten, etwa ein verbaler Angriff, nicht unbedingt ihr als Person gelten. Nicht sie persönlich ist gemeint, sondern sie bekommt etwas ab von dem, was im Grunde einer anderen Person gilt, mit der wir innerlich noch nicht fertig geworden sind, mit der wir immer noch etwas abzurechnen haben, der gegenüber wir aber Angst hatten, uns aggressiv zu verhalten.

Wir behandelten in Kapitel 4, wie sich der Haß des Knaben auf die versagende Mutter als Haß des erwachsenen Mannes auf die Frau auswirkt, wie der Haß der Tochter auf den Vater zum Männerhaß führt. Auch die Tochter, so muß ich ergänzen, haßt in ihrem Mann oft genug die als lieblos und treulos erlebte Mutter. Ebenso haßt der Sohn in einer anderen Dimension auch den Vater als seinen Rivalen, der ihm die geliebte Mutter wegnimmt, und die Tochter haßt die Mutter nicht nur deshalb, weil sie ihr als Säugling die nötige Zuwendung versagte, sondern auch deswegen, weil sie sich dem Vater zuwandte. *Dieser Haß auf Mutter und Vater ist in uns allen mehr oder weniger noch nicht überwunden und stört oder zerstört die Liebe zu unseren Partnern.* Nur selten wird uns dieser Haß bewußt, und wenn, dann bleibt uns sein Ursprung fast immer unbekannt. Wir wundern uns dann, warum sich Liebende so oft gegenseitig stören, sich das Leben sauer machen und ihre Liebe sowenig genießen können. «Ich liebe und ich hasse sie», sagte schon Shakespeare.

Neben unterschwelligem Haß sind es häufig *Schuldgefühle*, die, Folge des Hasses, uns das Glück in der Liebe allzuleicht verderben und zerstören: *Weil wir so böse waren und Vater oder Mutter haßten, sie verachteten, deswegen folgt die Strafe auf dem Fuß. Daran sind wir gewöhnt, das erwarten wir, ohne es zu wissen.* Und wenn die Strafe nicht von außen kommt, dann kommt sie von innen, von der in uns wohnenden Gewissensinstanz, dem Über-Ich, das die elterliche Autorität und den gesellschaftlich tradierten Moralkodex enthält. Das heißt: Wir strafen uns selbst, machen uns unser Glück zunichte, um es nicht durch andere zerstören zu lassen. Wir opfern unser Glück der Autorität in uns, die uns verbietet, glücklich zu sein. *Dem inneren Gewissen gegenüber fühlen wir uns schuldig, wenn wir glücklicher sind als unsere Eltern.*

Es sind nämlich durchaus nicht immer feindliche äußere Mächte, die die Liebenden vernichten wollen: wie die sich befehdenden Familien bei Shakespeares «Romeo und Julia», wie Teuerung und Hungersnot, Glaube und Kirche bei den «Verlobten» Alessandro Manzonis oder wie die Standesgegensätze in Schillers «Kabale und Liebe». *Die äußere Realität wäre nicht so schädlich, würde nicht eine innere, seelische Realität viel heimtückischer das Glück der Liebenden vergiften.*

Natürlich kann auch die *Eifersucht* eines verschmähten früheren Liebhabers die neue Liebe durch Rache bedrohen. Oder es ist der *Neid* der Besitzlosen, derjenigen, die keine Frau, keinen Mann haben, der den Liebenden das Leben schwermacht. Aber auch hier sind es in Wirklichkeit oft gar nicht die anderen, die uns aus gekränkter Eifersucht oder Neid schaden wollen, sondern *wir* sind es *selbst*, die uns die anderen als eifersüchtige, neidische, hassende und rachsüchtige Verfolger sehen lassen. So zerstören wir uns selbst aus eingebildeter Angst vor Neid und Rache unser Glück. Diese zerstörerischen Gefühle sind also eigene, nur in andere projizierte Regungen. Wir glauben, daß andere uns hassen, beneiden und sich rächen wollen, weil *wir* als Kind sie ursprünglich haßten – aus zurückgewiesener Liebe.

Wir machen uns keine Vorstellung davon, wie heftig die Gefühle waren, die wir in der Kindheit hatten. Da diese aber, wie die tägliche psychoanalytische Praxis zeigt, die Hauptursache für Störungen in der Liebe sind, können wir diese Einsicht der Psychoanalyse hier nicht umgehen: Es geht um Informationen für ein besseres Leben – und dies heißt immer auch ein besseres Lieben; nicht von ungefähr haben Leben und Lieben die gleiche sprachliche Wurzel. Störungen in der Liebe sind leider nicht die Ausnahme. Sie sind vielmehr die Regel, denn jeder von uns macht als Kind Versagungen durch, sehr schmerzliche, an die er sich eben deswegen, weil es so schmerzliche Erfahrungen waren, nicht erinnert. Diese aber wirken in uns nach, und wenn wir nicht gänzlich gefühllose

Menschen ohne jede Leidenschaft geworden sind, dann sind wir grundsätzlich fähig, die unsere Liebe störenden Gefühle auch wieder zu fühlen. Ich betone ausdrücklich: wieder zu *fühlen*, nicht: uns wieder an sie zu erinnern.

Welche *Gefühle* aber sind es, die unsere Liebe so stören? Schmerzliche Gefühle der eigenen Unzulänglichkeit, der Unvollkommenheit und Minderwertigkeit, der Ohnmacht und der Hilflosigkeit. Es sind Gefühle, die sehr beschämend sind und die wir wegen der damit verbundenen *Kränkung unseres Stolzes* leicht verdrängen. *Diese Gefühle rühren aus der Zeit unserer allerersten Liebe, der Liebe nämlich, die der ersten Bezugsperson gilt. Dies ist bei Frau und Mann die Mutter.* Unsere erste Liebe ist also Liebe zur Mutter. Von ihr wünschen wir zuallererst (passiv) *geliebt zu werden.* Da wir diese Liebe vergessen, wird sie im allgemeinen nicht mitgezählt. Diese erste Liebe beginnt glücklich und endet unglücklich. *Auch wenn die Mutter das Kind echt liebt, kann sie es doch nie so lieben, wie das Kind es in seiner unersättlichen Gier erwartet.* Diese Liebe endet also zwangsläufig mit einer schweren Versagung.

Hier finden wir eine erste Erklärung für den engen Zusammenhang von Liebe und Tod, für unser ungelöstes Dilemma zwischen leidenschaftlich erlebtem Glück und tragischem Ausgang. *Das böse Ende wäre gewissermaßen durch eine tiefprägende erste Erfahrung gespeichert, vorprogrammiert.*

Wird dieses Programm, wenn der prosaische Vergleich mit der Computertechnik gestattet ist, durch eine erste Liebe im Jugend- oder Erwachsenenalter, die dann im Grunde eine zweite Liebe wäre, reaktiviert, dann wird unser Verhalten durch das gespeicherte Programm, das nun zwangsläufig abläuft, bestimmt. So schließen sich an diese Liebe «Unordnung und frühes *Leid*» an, vernichtender Haß und glühende Rache. Von hier aus könnten wir verstehen, daß Freud die denkwürdige Feststellung machte: «Der Haß ist älter als die Liebe.» Freud aber folgert: «er entspringt der uranfänglichen Ablehnung der

reizspendenden Außenwelt von seiten des narzißtischen Ich»
(G. W., Band X, S. 231). Dies heißt aber im Klartext, daß dem
Haß eine *enttäuschte Liebe* vorausging, die freilich, gemessen
an der reifen Liebe der Erwachsenen, nur die Bezeichnung
einer Vorform, einer «Urform» von Liebe verdient, da sie nur
sich selbst kennt und nur einseitig passive Befriedigung sucht.
*Das Primäre also ist die Liebe, das Sekundäre der Haß, weil
reaktiv aus Versagung entstanden.*
Der als Folge der Versagung entstandene unbändige Haß zieht
wiederum unweigerlich *Ängste* nach sich, den geliebten Menschen geschädigt, verletzt, zerstört zu haben, gefolgt von
Schuldgefühlen und Wünschen, den Schaden wiedergutzumachen. *Damit sieht das Programm der ersten Liebe so aus: passive Liebe, frühe Versagung, reaktiver Haß, Angst, Schuldgefühl, Wiedergutmachung.* Und just in dieser Reihenfolge wird
das Kindheitsthema im späteren Leben, ausgelöst durch die
Liebe des Erwachsenen, unbewußt wieder angeschlagen und
in Gang gesetzt. Als allererste Prägung ist es Form und Modell für alle späteren Erfahrungen.
Der ersten aktiven Liebe in unserem Leben ergeht es nicht viel
anders: Auch sie endet mit einer bösen Enttäuschung. Als
etwas älteres Kind, so ab dem zweiten Lebensjahr, *lieben* wir
die uns versorgenden Menschen ja auch aktiv, gehen auf sie
zu, werben um sie, wollen ihnen in aller Unbefangenheit Gutes tun, sie glücklich machen. Beim kleinen Jungen sind hier
bereits sehr männliche Gefühle im Spiel, sexuelle Regungen
mit dem Ziel, die Mutter zu erobern, sie zur kooperativen
Partnerin zu gewinnen, sie glücklich zu machen. Die Erfüllung dieser Liebe wird in buntesten Phantasien ausgemalt und
erfüllt das Kind voll und ganz. Diese ersten sexuellen Regungen enden aber zwangsläufig wieder unglücklich. Eine noch
so sehr mitfühlende Mutter kann die Liebe des Sohnes nicht
erwidern und wird sich von ihm abwenden. Jetzt setzt beim
Kind unbändiger Haß ein, verbunden mit Rachewünschen,
der, ebenso wie der Haß auf die Versagung der passiven Lie-

beswünsche, angesichts der hilflosen Abhängigkeit des Kindes schmerzliche Gefühle der Beschämung und Ohnmacht einschließt, die so stark sind, daß sie nun mit besonderer Stärke verdrängt werden. Haß und Rache gelten dabei oft nicht mehr dem ursprünglichen Adressaten, sondern sind auf gerade aktuelle Partner verschoben. Ist es unter diesen Umständen ein Wunder, wenn Männer Frauen hassen? Erinnern Frauen doch den Mann immer unbewußt an die große Kränkung in Form der verschmähten ersten Liebe des kleinen Jungen zu seiner Mutter. Von daher rührt der häufige, zerstörende Anteil in der Liebe zwischen Mann und Frau.

Haß kann abgebaut werden durch Bewußtwerden, was voraussetzt, die latente Leidenschaft erst einmal fühlbar werden zu lassen. Darum ging es in Kapitel 5 über Haß, Rache und Terror. Haß kann an Intensität nachlassen, wenn wir neue, bessere Erfahrungen machen, wenn unsere Liebe zum Beispiel erwidert wird. Dann wird die enttäuschende Erfahrung, versagt zu haben, unfähig zu sein, langsam überwunden und macht einem gesunden Selbstwertgefühl Platz.

Was ich bisher über den zeitlichen Zusammenhang von früher Liebe mit frühem Leid sagte, entspricht einer unvermeidlichen Gesetzmäßigkeit, der niemand entgehen kann. Sie gilt, was die passive Liebe betrifft, für beide Geschlechter gleich. Was die aktive Liebe angeht, so bezieht sie sich beim Mädchen genauso auf die Mutter wie beim Jungen, wenn auch in anderer Weise. Die erste Liebe des Mädchens ist also immer gleichgeschlechtlich, *homosexuell*. Sie unterliegt der gleichen tiefreichenden Verdrängung wie die erste *hetero*sexuelle Liebe des Jungen. Sexuell heißt in dieser frühen Phase des ersten Lebensjahres nicht genital, sondern meint ausschließlich *zärtliche* Gefühle der Liebe ohne geschlechtliche Ansprüche. Das Mädchen wird dabei naturgemäß mehr zärtliche Gefühle gegenüber dem Vater entwickeln, der Junge gegenüber der Mutter. Die Zurückweisung dieser zärtlichen Regungen ist bei allen Unterschieden in jedem Fall mit der gleichen Ur-Kränkung verbunden, in der die Mutter als allmächtig erscheint und man selbst als ohnmächtiges Anhängsel. Nun existieren in der frühen Umwelt auch Vater und andere Bezugspersonen. Auch diese lösen ebenso passive Liebeswünsche nach Versorgt-, Beachtet- und Bewundertwerden aus wie aktive Liebe. Doch auch diese weiteren Personen werden, wenn sie nicht uns, sondern den Dritten lieben, zu Objekten früher kindlicher Eifersucht mit dem schmerzlichen Ergebnis, daß wir plötzlich ausgeschlossen sind. Mehr darüber in Kapitel 9 über «Eifersucht».

Es kam mir darauf an, zu zeigen, daß schon die allererste passive und aktive Liebe nicht ohne Enttäuschung abläuft, daß Enttäuschung in der Liebe und ihre zerstörenden Folgen also *vorprogrammiert* sind. Beide müssen *teilen*: die Tochter den Vater mit der Mutter, der Sohn die Mutter mit dem Vater. Diese Enttäuschung ist denkbar geeignet, eine spätere Liebe empfindlich zu beeinträchtigen. Wird uns dieser Zusammenhang bewußt, so können wir uns viele Schmerzen in der Liebe ersparen. Von hier aus verstehen wir jetzt die großen Tragödien der Liebe, von der Antike bis heute, und die offensichtlich unvermeidliche Tragik in ihnen. Diese Tragik ist eine unmittelbare Funktion der als Kind erlebten Enttäuschung.

Das Ausmaß der vorerlebten Enttäuschung ist natürlich von Mensch zu Mensch verschieden. Die allgemeingültige Gesetzmäßigkeit des Ablaufs von erster Liebe und Enttäuschung trifft aber bei jedem von uns zu. Hatten wir das Glück, in der Enttäuschung von einem lieben Menschen getröstet worden zu sein, dann können «Unordnung und frühes Leid» überwunden werden. Man kann uns zeigen, daß es auch andere Ziele für unseren Eroberungsdrang gibt, ferner: daß es auch andere Menschen gibt, die uns gern haben. Erleben wir in unserm Schmerz eine derartige Zuwendung, dann wird die Wunde langsam heilen. Ist aber niemand in der Nähe des Kindes, der ihm in seinem Leid beistehen kann, bleibt es allein in seiner ohnmächtigen Wut, die es nicht einmal hinausschreien kann, weil ihm das verboten ist, dann wird, um im Bild zu bleiben, eine stets schmerzende Wunde die Folge sein, die nicht vernarbt und allenfalls so tief verdrängt wird, daß mit ihr alle anderen Gefühle hinter einer dicken Mauer von Verdrängungsschutz verborgen bleiben, verbunden mit einem «Charakterpanzer», der so stark ist, daß ihn nur sehr lange, intensive Psychoanalyse oder die «Urschrei»-Therapie oder «Primärtherapie» mit Wiederaufbrechen der kindlichen Gefühle öffnen kann.

In unserer Liebe leiden wir aber nicht nur an den Folgen erster Liebesenttäuschungen, verbunden mit latenten Haß-, Schuld- und Wiedergutmachungsgefühlen, vielmehr suchen wir in unbewußtem Wiederholungszwang, fixiert an das erste Liebesobjekt, ein diesem gleichendes Objekt oder das krasse Gegenteil: Der Mann sucht in Anlehnung an die Mutter in der Geliebten unbewußt die «nährende Frau», die Frau in Anlehnung an den Vater den »schützenden Mann». Insofern folgt die *Objektwahl* oder «Objektfindung» einem *endogamen* Muster. Das heißt: Unsere Liebe sucht sich das gegengeschlechtliche Objekt unbewußt aus der Familie.

Von *exogamer* Partnerwahl sprechen wir dagegen, wenn der andere Mensch gerade nicht an die wichtigste gegengeschlechtliche Bezugsperson unserer Kindheit erinnert. Dann sind es meist große Ängste, nicht nur vor Inzest, sondern vor allem vor den geschilderten Haß- und Racheimpulsen, die uns einen großen Bogen um all das machen lassen, was uns so sehr verletzt hat. Dieser Bogen kann so weit reichen, daß, unabhängig vom Geschlecht, kein *gegen*geschlechtlicher Partner gesucht wird, sondern ein *gleich*geschlechtlicher. Es kommt dann zu invertierter oder homosexueller Partnerwahl. Oder der/die Betreffende zieht es als geringstes Übel vor, sich überhaupt gar nicht erst auf fragwürdige, doch nur Enttäuschung nach sich ziehende Abenteuer einzulassen, und bleibt allein.

Für den *Partner* ist die Wahl nach dem Anlehnungstypus im

allgemeinen mit viel Kummer und Leid verbunden. Er kann den in der Regel übersteigerten Erwartungen nie genügen. Allzuleicht bekommt er dann die ganzen Affekte des ersten prägenden Programmes ab: Liebe, Enttäuschung, Haß, Rache und Wiedergutmachung. Es ist dann wiederum wichtig, zu wissen, daß diese Affekte nicht dem Partner persönlich gelten, sondern sich auf eine Begegnung der Vergangenheit beziehen. Ich kann dem Partner also nur raten zu versuchen, in Gedanken an diese unbewußten Zusammenhänge die Wutausbrüche und die ebenso langanhaltenden wie intensiven Äußerungen leidenschaftlichen Hasses nicht persönlich zu nehmen.

Nicht minder leidvoll sind die Erfahrungen für den anderen, wenn der Liebende im Partner nicht nach dem Anlehnungsmodus unbewußt Vater oder Mutter liebt, sondern *sich selbst*. Eine äußere Ähnlichkeit ist dazu nicht notwendig. Voraussetzung ist allerdings, daß in den Partner projiziert wird, was man selbst *ist, war* oder *sein möchte*. Es ist oft eine bestimmte Eigenschaft, die uns an einem anderen anzieht: seine Schönheit, seine Klugheit, seine Warmherzigkeit. Meist ist es das Ideal, das wir selbst sein möchten, das wir im anderen lieben, wie einst Narziß, der die Nymphe Echo, was oft vergessen wird, verschmähte und von Aphrodite mit Selbstliebe bestraft wurde. Im Mythos verliebt er sich in sein eigenes Bild. Da seine Liebe aber nie Erfüllung finden kann, verzehrt er sich in Sehnsucht, bis er schließlich in eine Narzisse verwandelt wird.

Ist ein anderer Mensch der Spiegel des eigenen Selbst, dann wird er die Sehnsucht nicht stillen können. Der narzißtisch Verliebte wird zwar immer versuchen, den Partner so zu sehen, wie er ihn zu sehen wünscht, oder er wird sogar versuchen, ihn nach seiner Eigenliebe, wenn möglich, zu gestalten. Entspricht der Partner diesen Wünschen, so geht dies auf Kosten von dessen Eigenständigkeit. Denn, um die narzißtische Partnerbeziehung im Gleichgewicht zu halten, muß der Partner alle idealen, narzißtischen Wünsche unter Aufopferung jedes Eigenlebens erfüllen. Tut er dies nicht, ist sofort das Gleichgewicht der Beziehung gestört, und Vorwürfe sind die Folge – eine weitere Quelle oft leidenschaftlichen Hasses, die im Kapitel über Haß nicht erwähnt wurde. Jürg Willi hat in seinem Bestseller «Die Zweierbeziehung» (1975) die Möglichkeit der Liebe nach dem Anlehnungstyp an Hand der verschiedenen Stufen der psychosexuellen Entwicklung des Menschen näher differenziert. Von seinen Liebestypen wollen wir hier drei nennen:

1. «Liebe als *Einander-Umsorgen*» im Geben und Nehmen, wobei sich der Gebende in der Regel in mütterlicher, der Nehmende in kindlicher Position erlebt.
2. «Liebe als *Einander-ganz-Gehören*», gekennzeichnet durch ein latentes Herrschafts- und Besitzverhältnis, in dem der eine den anderen beherrscht und als Besitz beansprucht.
3. «Liebe als *männliche oder weibliche Bestätigung*», die vom anderen nur Bewunderung erheischt.

Diese Liebesformen sind Zerrformen der Liebe, verzerrt durch unbewußten Wiederholungszwang. Sie zwingen den anderen mit allen Verführungskünsten wie durch einen Sog in ein Beziehungsmuster hinein, ohne daß dieser überhaupt merkt, wie ihm geschieht. Kommt der Partner den Wünschen womöglich entgegen, indem etwa eine mütterliche Frau einen kindlich anhänglichen Mann sucht oder ein herrschenwollender Mann eine Frau, die nichts anderes gewohnt ist, als sich beherrschen zu lassen, entsteht gleichsam eine Art *Kollusion*, die beide Partner wie eine Klammer erfaßt und so leicht nicht losläßt. Viele Ehen sind unbewußt nach diesem Kollusionsmuster geschlossen. Unsägliches Leid ist die Folge: Beide Partner stehen sich im Wege und bringen sich um ihre Erfüllung. Hat der unbewußt benützte Partner noch ein gesundes Selbstgefühl und empfindet den erlittenen Verlust und die ständige Qual als Leidensdruck, dann wird er sich auflehnen, das Zwanghafte und Unechte der Beziehung wahrnehmen und sich in logischer Konsequenz seiner Erkenntnis vom Partner trennen. Schafft er dies nicht, wird er zwangsläufig krank werden. Dann liegt es am Arzt, daß er die entstehende Krankheit noch im Stadium ihrer Organisation als Ausdruck einer Beziehungs*störung*, einer Partnerschafts*krise* begreift und das Paar einem Psychotherapeuten überweist, wo ihm eine Paar-Therapie, Ehepaar-Gruppen-Therapie oder Familien-Therapie helfen kann, sich aus der pathologischen Beziehung herauszuarbeiten, um damit frei für neue Beziehungen zu werden. Diese neue Beziehung muß sich aber nicht unbedingt mit einem neuen Partner ereignen; sie ist auch mit dem gleichen Partner möglich. Die Beziehung mit ihm wird dann auf eine neue Stufe gehoben, erreicht ein neues Niveau, sofern das alte gestörte Beziehungsmuster verlassen, zerstört, aufgehoben wird.

Alle Paar-Beziehungen enthalten Wiederholungsanteile dieser Art, es kommt nur darauf an, daß die aus der Kindheit übertragenen Gefühle fühlbar sind. Sind sie es, dann können sie in kontinuierlicher Auseinandersetzung, in Kommunikation mit sich selbst und im Dialog mit anderen langsam überwunden werden. Das erste prägende Programm mit «Unordnung und frühem Leid» wird «gelöscht». Sind diese Gefühle nicht fühlbar, müssen sie erst durch Psychotherapie fühlbar gemacht werden.

Wir haben bisher noch nicht von der *Verliebtheit* gesprochen. Verliebtheit ist etwas anderes als Liebe. In der Regel aber beginnt Liebe damit, daß wir uns verlieben. Stendhal spricht von *erster Kristallisation*. In seinem Buch «Über die Liebe» (1826) heißt es im 2. Kapitel «Von der Entstehung der Liebe»: «Folgendes geht in der Seele vor: 1. Bewunderung, 2. man sagt sich: welche Lust, diese Frau zu küssen, von ihr geküßt zu werden. 3. Hoffnung. Man sucht Vollkommenheiten. In diesem Augenblick müßte sich eine Frau hingeben, dann wäre der sinnliche Genuß am größten. Sogar bei den zurückhaltendsten Frauen röten sich im Moment der Hingabebereitschaft die Augen; die Leidenschaft ist übermächtig, die Lust so heftig erregt, daß sie sich durch auffällige Zeichen verrät. 4. Die Liebe ist geboren. Lieben heißt, ein liebenswertes Wesen, das auch uns liebt, mit allen Sinnen und so nahe wie möglich voll Lust sehen, berühren, fühlen.»

In der Verliebtheit erscheint, vom Mann aus gesehen, die Geliebte als unerreichbar schön. Wir sind fasziniert von ihrer Schönheit, angezogen von ihrem Liebreiz, Sehnsucht erfüllt uns. Wir wollen ständig bei der Geliebten sein, alles mit ihr teilen. Wir sind in der Phantasie über sie angeregt und inspiriert, so daß wir uns fast selbst nicht mehr kennen. Die Sonette Shakespeares, die Liebesgeschichte Petrarcas und Dantes, die Minnelieder und zahllose Gedichte übertreffen einander, den Gefühlen unsterblicher Verliebtheit Ausdruck zu verleihen. Und doch endet auch diese Liebe früher oder später mit einer Enttäuschung, die zwangsläufig deswegen eintreten muß, weil wir den Geliebten – jetzt zur Abwechslung wieder einmal aus der Sicht der Frau betrachtet – allzusehr idealisiert haben. Die Freude über das «Liebeserwachen» ließ ihn uns in den schönsten Farben ausmalen, so daß der Abstand zur Wirklichkeit größer wurde, ohne daß wir es zunächst merkten. Erst wenn wir langsam realisieren, daß das wirkliche Verhalten des Geliebten überhaupt nicht dem Idealbild entspricht, gelangen wir aus dem siebten Himmel langsam wieder auf den Boden der Wirklichkeit, verbunden mit Gefühlen schmerzlicher Leere, der Kränkung, der Enttäuschung, der Trauer.

Die Idealisierung des Geliebten stammt aus der frühen Idealisierung des kleinen Kindes, für das Mutter oder Vater weit über ihm stehende, bewunderte, ideale Menschen waren. Die schmerzliche *Ent-Idealisierung* ist besonders groß, wenn der geliebte Partner unsere Liebe nicht erwidert. Jeder kennt das Gefühl verschmähter Liebe und den damit verbundenen

Schmerz über die Trennung, die Trauer, den Verlust. *Schaffen wir es, die Begegnung dennoch in guter Erinnerung zu behalten, wirkt sie auf uns bereichernd*; hat sie doch vielleicht längst totgeglaubte Gefühle wieder in uns wachgerufen, wiederbelebt, wiedererweckt, so daß der Verlust angesichts dieses Gewinns nicht so schwer wiegen muß.

Aber auch wenn die Beziehung anhält, ist eine *Des-Illusionierung* nicht zu vermeiden. Sie ist literarisch besonders schön in Svende Merians Buch «Der Tod des Märchenprinzen» erarbeitet. Nach Stendhal beginnt jetzt die *zweite Kristallisation*, welche die Beständigkeit der Liebe sichert. Jetzt geht Verliebtheit in Liebe über, die der Leidenschaftlichkeit keineswegs entbehren muß. Diese Entwicklung ist aber nur möglich, wenn die schon genannten Haßregungen und Racheimpulse in uns seelisch verarbeitet und in unsere Persönlichkeit integriert sind. Dazu gehören folgende *Voraussetzungen*: 1. Wir dürfen keine allzu große Angst haben, Verantwortung und Verpflichtung zu übernehmen, 2. der Verlust unserer Freiheit und Ungebundenheit darf nicht schwerer wiegen als der Gewinn an Partnerschaft. Sind diese Voraussetzungen gegeben und scheuen wir uns nicht, in einem schmerzlichen Desillusionierungsprozeß die damit verbundenen Gefühle fühlbar zu machen und aufzuarbeiten, dann halten sich störende Beeinträchtigungen unserer Liebe in Grenzen.

Um Schmerz und Trauer kommen wir aber dabei nicht herum. Betäuben wir diese schmerzlichen Gefühle also nicht mit Schmerz- und Beruhigungsmitteln, sondern *setzen wir uns ihnen aus*. Täten wir dies nicht, würden wir uns selbst um die wichtigsten Erlebnisse unseres Lebens betrügen.

Liebe als leidenschaftlicher Dialog

SINNLICHKEIT, WOLLUST, ORGASMUS

Während wir uns in den zwei vorausgegangenen Kapiteln mit Liebe und Erotik, mit Liebeslust und Liebesleid aus philosophischer, soziologischer und psychoanalytischer Sicht befaßt haben, geht es in diesem um die *sinnliche* Liebe, deren Triebfeder die sexuelle Begierde ist; lateinisch: voluptas; heute wissenschaftlich neutral: Libido genannt; früher, treffender und ungeschminkt: Wollust.

Venus, die Göttin des Frühlings, des Gartens und der Liebe, *Aphrodite*, Tochter des Zeus und der Dione, Göttin der sinnlichen Liebe und der Schönheit, sowie *Eros*, Sohn des Ares und der Aphrodite, geflügelter Knabe, der mit Pfeil und Bogen Götter und Menschen ins Herz trifft und die Liebe zwischen Mann und Frau entfacht – sie alle zeigen die vielfältigen symbolischen Aspekte geschlechtlicher Liebe: die Rolle der Schönheit, der sexuellen Lust und der Leidenschaft.

In einem erfüllten, gleichermaßen Sinnlichkeit, Leidenschaftlichkeit und Liebe umfassenden Geschehen gehen Venus, Aphrodite und Eros eine Synthese ein, die nicht zu schildern, nur zu erleben ist. Freudig erregte Stimmung bildet die seelische Ausgangsbasis, ausgelöst durch den Liebreiz der Geliebten oder durch entsprechende Reize des Geliebten. Genauso kann die Macht der Phantasie unsere Sinnlichkeit erregen. Ein Verlangen, eine Sehnsucht nach Erfüllung der Liebe treibt uns zur Geliebten beziehungsweise zum Geliebten hin und will diese oder diesen gleichzeitig zu uns herziehen. «Halb zog sie ihn, halb sank er hin und ward nicht mehr gesehn», heißt es bei Goethe, als die Wasserjungfrau den «kühl bis ans Herz hinan» angelnden Fischer erfolgreich verführt.

Liebe wird zur Liebesleidenschaft, zur Wollust, wenn Liebe die Geschlechtsorgane erregt und lustvolle Befriedigung in der Vereinigung der Genitalien, für die sie ja anatomisch und physiologisch geschaffen sind, gesucht und gefunden wird. Wenn Erich Fromm von der «Kunst des Liebens» spricht, so gilt dies insbesondere für die geschlechtliche Liebe. Es ist deswegen gut, früh damit zu beginnen, Erfahrungen zu sammeln und die sexuelle Liebe zu erlernen. Die modernen Verhütungsmittel nehmen den jungen Menschen die früher so häufig die geschlechtliche Liebe störende Angst vor Schwangerschaft und ermöglichen ihnen eine entspannte Art, miteinander umzugehen. Ich will nicht mißverstanden werden: Es geht mir natürlich nicht um das Erlernen einer mechanischen Liebestechnik. Nein, es geht um das Einüben von *Gefühlen*, des Füreinander-Seins, des Einander-Liebens und des Miteinander-glücklich-Seins; auch des Füreinander-Sorgens und -verantwortlich-Seins.

Liebe gehört zu unserem Leben wie Essen und Trinken. Sie bedarf heute der Vergötterung ebensowenig wie früher der Verdammung. Bleibt sie ungestört durch frühe Unterdrückung, etwa durch allgemeine, bürgerliche Verklemmtheit, dann entfaltet sich Liebe in ungebrochener Natürlichkeit. In David Herbert Lawrences Roman «Lady Chatterley», 1928 geschrieben und erst 1960 ungekürzt in England erschienen, sinniert die Heldin Constanze nach Befriedigung ihrer leidenschaftlichen Liebe zu dem Wildhüter Parkin folgendermaßen über das männliche Glied, den Penis: «Vage realisierte sie zum erstenmal in ihrem Leben, was der *Phallus* bedeutete, und ihr Herz schien eine neue, weite Welt zu betreten. Zwischen den beiden zögernden, bestürzten Geschöpfen, ihm und ihr, hatte sie das dritte Geschöpf gesehen, aufrecht, wachsam, anmaßend, ohne das geringste Zögern, hatte es gesehen, wie es sich zu wunderlicher neuer Selbstbehauptung aus den Wurzeln seines Körpers erhob. Es war ein primitiver, grotesker Gott – aber lebendig und unaussprechlich lebensvoll, strotzend von eigenem, unheimlichem Leben, abgesondert von ihrer beider Persönlichkeiten. Gesichtslos schien er sich umzublicken wie ein aus den Tiefen der Erde emporgestiegener Maulwurf. Die Auferstehung des Fleisches, hieß es im Scherz. Aber war es das nicht wirklich? War nicht eine unheimliche, groteske Gottheit darin?

Und diese Gottheit in ihm war immer verwundet worden, doch selbst jetzt nicht tot. In den meisten Männern war sie tot. Für die meisten Männer war der Penis lediglich ein Glied, das der Persönlichkeit zur Verfügung stand. Die meisten Männer gebrauchten ihren Penis nur zu einem eigenen, persönlichen Zweck wie ihre Finger. Aber bei einem wirklichen Mann hat der Penis ein eigenes Leben und ist der zweite Mann im Mann. Er kommt *vor* der Persönlichkeit, und die Persönlichkeit muß sich der Priorität und dem geheimnisvollen Wurzelwissen des Penis fügen. Denn dies ist der Unterschied zwischen den beiden. Der *Penis* ist lediglich ein Glied des physiologischen Körpers. Aber der *Phallus* im alten Sinne hat Wurzeln, die tiefsten aller Wurzeln in der Seele und in dem größeren Bewußtsein des Mannes, und durch die phallischen Wurzeln gelangt die Inspiration in die Seele.»

Diese Passagen zeigen in der Bewunderung des Penis wie in Doris Dörris Film «Ich und Er» die Abhängigkeit der Frau vom Mann. Die sexuelle Befriedigung schließt selbstverständlich das Eindringen des Gliedes ein. Die gesunde Frau empfindet hierbei sinnliche Lust als das Natürlichste auf der Welt. Die «sogenannte» emanzipierte Frau, die das natürliche Erfülltsein der Scheide mit dem Penis, wofür sie doch offen ist, als *Penetration* bezeichnet und als unerträgliche Demütigung empfindet, scheint in ihrer weiblichen Sexualität noch nicht frei zu sein. Sie kann offensichtlich die Abhängigkeit der Frau vom Mann nicht ertragen und wehrt sich daher durch *Abwer-*

tung des Mannes. Die gegenseitige Abhängigkeit von Mann und Frau haben wir schon früher betont: So wie die Scheide des männlichen Gliedes bedarf, so bedarf das Glied der Scheide, um zu sexueller Befriedigung zu gelangen.

Diese gegenseitige Abhängigkeit von Mann und Frau ist freilich leicht störbar. Die Angst der Frau vor Abhängigkeit vom Mann ist nicht immer grundlos, dann nämlich nicht, wenn der Mann die Frau benützt und sich mit roher Gewalt Befriedigung erzwingt. Ein derartiges Verhalten zeigt, daß der Mann wohl zu sinnlicher Lust, einschließlich Orgasmus, fähig ist, nicht aber zu Liebe als menschlicher Leidenschaft. Orgasmusfähigkeit ist keine Garantie für Liebesfähigkeit. Sinnliche Lust bedarf der Integrierung in Leidenschaft; als ein starkes und anhaltendes Gefühl, das auch den Körper ergreift; als gesundes, psychosomatisches Phänomen, das, simultan, Körper, Seele und Geist umfaßt und gleichermaßen auf sich selbst wie auf ein Objekt, den Partner, bezogen ist. Ein derartig umfassendes Geschehen, das wegen seiner Komplexhaftigkeit langer Entwicklung bedarf, um zur Entfaltung zu gelangen, ist leicht störbar. Nicht von ungefähr leiden so viele Menschen heute an sexuellen Störungen: Potenzstörungen und Frigidität sind dabei nur die am leichtesten faßbaren Formen, derentwegen vielfach psychotherapeutische Hilfe in Beratung und Behandlung gesucht wird. Die Angst des Mannes vor der Abhängigkeit von der Frau ist nicht minder begründet. Manche Frau benutzt, wie wir im Kapitel über «Haß, Rache und Terror» sahen, ihren Mann als Opfer für den Haß und die Rache, die eigentlich dem Vater gelten. Die Analyse dieser verborgenen Leidenschaften kann aufdecken, ob die Angst im einzelnen Fall wirklich berechtigt ist oder ob sie Produkt unserer Phantasie ist.

Viel häufiger als Potenzstörung und Frigidität ist die allgemeine Leidenschaftslosigkeit, die «*emotionale* Impotenz» in der sexuellen Begegnung bei *beiden* Geschlechtern. Schon die Sprache ist ein Indiz dafür: Man schläft miteinander, man geht zusammen ins Bett. Der Akt läuft mechanisch ab wie ein Reflex. Die Erregung der Sexualorgane läuft gleichsam leer. Sie bleibt abgespalten vom seelischen Erlebnis, vom Gefühl. Der sexuelle Akt vollzieht sich nicht leidenschaftlich, und dies sowohl in der Beziehung zum anderen wie zu sich selbst.

Es scheint, daß der *Mann* eher der sinnlichen Liebe zugänglich ist. Er ist leichter erregbar. Seine Schwierigkeit besteht aber darin, diese sinnliche Erregbarkeit in einen größeren Zusammenhang von seelischem Erleben zu integrieren.

Es scheint ferner – und dies muß nicht aus biologischen Gründen so sein, sondern kann sehr wohl Folge von gesellschaftlich vermittelter Erziehung sein –, daß der *Frau* das Gefühl leichter zugänglich ist. Sie kann leidenschaftlich lieben, was aber nicht gleich heißen muß, daß sie gleichzeitig, in sexuell genitalem Sinne, sinnliche Liebe empfindet. Vorerfahrungen durch Selbstbefriedigung sind bei ihr seltener, auch heute noch. Ihre Schwierigkeit ist es also, die sinnliche Sexualität in das vorhandene leidenschaftliche Erleben zu integrieren. Die sinnliche Sexualität der Frau ist, wie wir durch die Untersuchungen von Masters und Johnson wissen, im vorderen Scheidendrittel lokalisiert, das als Erregungseinheit Klitoris, Schamlippen und Scheideneingang umfaßt. Es ist *die* Zone, die für die Frau aus Erfahrungen als Kind und junges Mädchen, durch Erziehungseinflüsse und durch die Verbindung mit dem Menstruationserlebnis vielfach negativ besetzt ist und oft aus dem Körpergefühl überhaupt ausgespart bleibt; eine Zone, die aber als erogene Zone naturgemäß die sexuelle Liebe in außerordentlicher Weise fördert. Sie gilt es in das gesamte Körpergefühl zu integrieren. Unterstützt wird dies, wenn die Frau die eigene Genitalregion selbst erkundet, um auf diese Weise die biologisch vorgegebene größere Verborgenheit des weiblichen Genitale gegenüber den Verhältnissen beim Mann aufzuheben.

Auf die Diskussion über klitoridalen oder vaginalen Orgasmus will ich hier nicht eingehen, sondern nur soviel sagen, daß es sich beim Orgasmus um ein ganzheitliches Erleben handelt, das nicht an bestimmten Organen dingfest gemacht werden kann. Allzu genaue wissenschaftliche Zergliederung dieses Geschehens vertrüge sich auch nicht mit Leidenschaft, sondern würde sie zerstören.

Dem *Mann* ist das Genitale vertrauter. Er kennt es durch Onanie zur Genüge und weiß, wie es funktioniert. Was er aber oft nicht weiß, ist, daß es mit dieser Funktion nicht getan ist. Die sinnliche Begierde allein ist ein schaler Genuß ohne seelisches Fühlen, ohne Ergriffensein und Leidenschaft. Es bliebe selbstbezogen gleichsam eine Onanie in der Scheide und brächte weder dem Mann selbst noch der Frau Erfüllung. Dieser Bezug zum eigenen Gefühl, zur eigenen Leidenschaftlichkeit ist aber bei vielen Männern heute genauso gestört wie die Fähigkeit, sich auf die Partnerin seelisch einzustellen, sie, mit einem Wort, zu lieben; was immer auch die Fähigkeit einschließt, sich in sie einzufühlen, sich mit ihr zu identifizieren.

Grund der Störung ist häufig mangelndes Vertrauen gegenüber der Frau. Das heißt im Zusammenhang mit der sinnlichen, geschlechtlichen Liebe ganz konkret: Mißtrauen gegenüber dem weiblichen Genitale. Es wird unbewußt als gefährliche Hydra erlebt, die einen zu zerstören oder zu verschlingen droht. Derartige Ängste können überwunden werden, wenn die *Partnerin* dem Mann durch ihr faktisch liebevolles Verhalten beweist, daß er ihr vertrauen kann. *Seine* Vorleistung dazu wäre wiederum, die Frau nicht dazu zu mißbrauchen, seine Potenz unter Beweis zu stellen, sie zu beherrschen oder ihr seine Verachtung zu zeigen. Oft sind es die eigenen Impulse des Mannes, die er in die Partnerin projiziert und dann als von ihr kommend erlebt.

Die Ängste, entstanden aus nicht überwundenen Kindheitserfahrungen und Quelle der meisten sexuellen Störungen, sollten also überwunden sein. Sie sind es aber leider nur selten, so daß wir, wie schon im letzten und vorletzten Kapitel geschildert, unbewußt an seelische Verwundungen der Vergangenheit fixiert, zwangsläufig oft genug unsere Möglichkeiten in der Liebe ungewollt selbst zerstören. Wir müssen die schädigenden Impulse in uns wahrnehmen, sie bändigen, zähmen, um unseren Partner nicht zu schädigen. Wir müssen uns in den Partner einfühlen, uns mit ihm identifizieren. Dazu können Schuldgefühle auch einmal positives Indiz dafür sein, daß wir Fehler machen, der Geliebten beziehungsweise dem Geliebten weh getan haben. Fühle ich mich in den anderen ein, dann kann ich mich fragen: Wie muß mein Verhalten auf ihn gewirkt haben? Das Sich-einstellen-Können auf den anderen, ein An-ihm-orientiert-Sein hatten wir ja schon als Kennzeichen reifer Liebe kennengelernt.

Diese innere Einstellung muß geduldig und unermüdlich gepflegt werden, soll Liebe dauern. Es handelt sich um eine innere Einstellung, aber auch um eine äußere Haltung, eine Tätigkeit. «Ohne Tätigkeit keine Lust», sagt Aristoteles, und der moderne Psychoanalytiker Michael Balint spricht von «*Eroberungsarbeit*, die unerhört viel Kraft fordert und in gemilderter Form, solange die Beziehung andauert, geleistet» sein will.

In dieser Art leidenschaftlicher Liebe ist die *aktive* Seite sexueller Liebe deutlich erkennbar. Die englische Wendung «falling in love» bringt dagegen treffend zum Ausdruck, daß eine *passive* Seite dazukommt. Die passive Bereitschaft, sich sinnlicher Liebe überlassen zu können, sich in dieses Geschehen hineinfallen lassen zu können, ist so wichtig, daß ich hierüber noch etwas mehr sagen möchte. Diese Fähigkeit ist an zwei Voraussetzungen geknüpft: erstens an Vertrauen in sich selbst und in die eigene Liebe zum anderen; zweitens an Vertrauen in den anderen und dessen Liebe. Erst wenn beides gewährleistet ist, können wir uns einfach fallenlassen und hingeben.

Damit ist aber eine Regression, ein Zurückfallen in frühere Erlebnisweisen verbunden, die wir als Kind erfahren haben.

Dieses Fallenlassen wird im Akt der Hingabe wiedererlebt. Es schließt ein vorübergehendes Aufgeben der Ich-Grenzen, das heißt der Grenzen unseres Ich-Gefühls, ein, verbunden mit einer sich «überkreuzenden» gegenseitigen Verschmelzung. Sie kann dem Erleben einer Rückkehr in den Mutterleib gleichkommen und hebt damit die schmerzliche Erfahrung des Voneinander-getrennt-Seins auf. Das «Aufgehen» im anderen während des Orgasmus kommt einem Ich-Verlust gleich, der wie ein Vorgefühl des Sterbens erlebt werden kann: «la petit mort», der kleine Tod, so sagen die Franzosen.

Weil unsere eigenen Erfahrungen als Kind nicht immer gute waren, berühren uns im Zuge der regressiven Bewegung während des Sexualaktes leider auch schmerzliche Erfahrungen, die unsere Leidenschaftlichkeit empfindlich stören können. In dem Maße aber, in dem der Partner unsere Ängste entkräftet, gelingt die regressive Hingabe doch. Dann fließt uns das passiv und emotional zu, was wir aktiv und kognitiv nicht gewinnen können. Wilhelm Reich spricht von «*orgiastischer Potenz*» (1927). Diese Potenz bezieht sich nicht nur auf den sexuellen Akt allein, sondern auf unser ganzes Leben. Die «Funktion des Orgasmus» verleiht uns nämlich einen «erotischen Wirklichkeitssinn», der uns, vorausgesetzt, er ist in unser Gefühlsleben integriert, gesund und *liebes*fähig, und das heißt immer auch: «*lebens*fähig» erhält.

Zorn mußte sterben, weil er keine Liebe genossen hatte, so lebensfeindlich war die reiche Welt, in der er aufwuchs. In dem «Mars» benannten Roman bäumt sich Fritz Zorn gegen sein Schicksal auf und rechnet mit den Eltern ab; freilich ohne dadurch sein verpfuschtes Leben noch ändern zu können. Einer meiner Patienten mußte jahrzehntelang, gleichsam «auf Tauchstation», vegetieren und konnte nur als «Maschine» in seiner Arbeit funktionieren, weil ihn in seiner Kindheit niemand liebte und auf seine kindlichen Versuche zu lieben niemand antwortete.

Der *Freudsche Gegensatz* zwischen Trieb und Kultur kann

überwunden und durch die *Reichsche Ergänzung* «Kultivierung der Sinnlichkeit» ersetzt werden. «Die ideologische Schranke» zwischen Sinnlichkeit und Kultur ist eingerissen. Der Mensch ist in der Lage, «sich aus der momentanen Beziehungslosigkeit des orgiastischen Erlebnisses wieder in die beherrschte und beherrschende Aktivität intellektuellen und geistigen Tuns aufzuschwingen», schreibt Willhelm Reich in «Die Funktion des Orgasmus» (S. 190).

Geistiges Denken und Handeln des Menschen ist damit mehr oder weniger von Sinnlichkeit durchtränkt. Unsere technokratische Welt, in der Rationalität und harte ökonomische Gesetze herrschen, ist allerdings wenig dazu angetan, unsere «sinnlich-körperliche Sexualität» zu kultivieren. Dies erfordert ein langes «Gefühls-Training». Bei allen möglichen anderen Tätigkeiten, angefangen beim Lesen, Rechnen und Schreiben bis zum Autofahren, ist uns dies selbstverständlich; bei so elementaren Leidenschaften wie Liebe aber nicht. Hier meinen wir, der erste Versuch müßte glücken, alles würde von allein gehen. Nicht von ungefähr spricht Erich Fromm von einer «Kunst des Liebens». Wenn Sie nun aber lesen, was alles gelernt sein muß, um richtig lieben zu können, kann ich mir vorstellen, daß manche darüber verzagen wollen, müssen doch folgende Voraussetzungen erfüllt sein, um *Liebe* zu dem werden zu lassen, *was sie sein kann*:

1. körperlich-genitale und seelisch-zärtliche Gefühle müssen in die Liebe integriert sein;
2. Haß, Neid und Ablehnung des andern Geschlechts sollten überwunden sein;
3. eine realistische Einschätzung der eigenen Person und des Partners sollte übersteigerte Idealisierung abgelöst haben;
4. Der Mensch muß sich in seinem Selbstwertgefühl unabhängig und autonom erfahren können, ohne sich zwanghaft an andere gebunden zu fühlen, von denen seine Wertschätzung abhängt;

5. krankhaftes Mißtrauen soll durch gesundes Vertrauen in sich selbst und den andern ersetzt sein;

6. die Fähigkeit, sich in den anderen identifikatorisch einfühlen zu können und sich ihm hinzugeben, soll ohne Ängste, sich selbst zu verlieren, gegeben sein.

Das heißt, psychoanalytisch gesprochen: Die «Ur-Konflikte der frühen Trennung von Mutter und Vater müssen in Form gesunder Individuation gelöst und die aus dem Ödipuskomplex stammenden schmerzlichen Gefühle sollten gemeistert sein».

Gemessen an diesem Ideal sind wir wahrscheinlich alle mehr oder weniger Anfänger in der «Kunst des Liebens». Könnten wir das aber einsehen, wäre schon viel gewonnen. Wir würden uns dann wenigstens nichts vormachen, uns nicht über uns selbst täuschen.

Denn nur, indem ich mich gebe, kann ich gewinnen. «Das Tun des einen ist das Tun des andern», sagt Hegel, den wir als Philosoph des Idealismus und der Systematik des Geistes kennen, der aber sehr viel Verständnis für die besondere Beziehung zwischen Liebenden erkennen läßt. In den «Grundlinien der Philosophie des Rechts», 1821 in Berlin erschienen, sagt er: «Das *erste* Moment in der Liebe ist, daß ich keine selbständige Person für mich sein will, und daß, wenn ich dies wäre, ich mich mangelhaft und unvollständig fühle. Das *zweite* Moment ist, daß ich mich in einer anderen Person gewinne, daß ich in ihr gelte, was sie wiederum in mir erreicht. Die Liebe ist daher der ungeheuerste Widerspruch, den der Verstand nicht lösen kann, in dem es nichts Härteres gibt, als die Punktualität des Selbstbewußtseins, die negiert wird, und die ich doch als affirmativ haben soll. Die Liebe ist das Hervorbringen und die Auflösung des Widerspruchs zugleich.»

Das Dialogische in dieser Art der Beziehung zwischen zwei Liebenden ist hier nahezu unübertroffen wiedergegeben. Wird diese Beziehung angefüllt mit Leidenschaft, dann wird sie zum «*leidenschaftlichen Dialog*».

In dieser Bezeichnung ist das Wesen der Liebe erfaßt:
im Adjektiv «*leidenschaftlich*» ihre Leidenschaftlichkeit,
in der Silbe «*dia*» das Dialogische in der Beziehung zwischen zwei Menschen
und in der Silbe «*log*» ihre geistige Dimension.
Dies bedeutet nicht, daß Leidenschaft gebremst, gehemmt wird oder sich im Sinne von Sublimierung in Geist auflöse. Dies käme ebenso einer Verkürzung der *dreidimensionalen Liebe* gleich, wie wenn der Bezug zum anderen fehlte. Geist wird hier nicht als «Widersacher der Seele» verstanden, sondern als Bewußtsein, das im Sinne Hegels als sich selbst begreifendes Sein zugleich Selbstbewußtsein ist; nicht abstrakt, sondern als ein lebendiges, leidenschaftliches Bewußtsein, das als gleichermaßen liebendes und geliebtes Bewußtsein in einer Beziehung steht.
Auf diese Weise werde ich mir meiner Leidenschaftlichkeit bewußt. Ich nehme Leidenschaftlichkeit in mein Ich auf, damit lebe ich aus dem Reservoir sexueller Triebkraft und kann mich im Dialog mit andern entwickeln.
Nicht was Es war, soll Ich werden, sondern Es soll vielmehr bestehenbleiben und Ich erfüllen, durchtränken, durchbluten. Nur *so* sind wir fähig, lebendig zu lieben. Dreidimensionale Liebe als Leidenschaft im Dialog, als Beziehung mit lebendigem Bewußtsein und als in Beziehung stehendes, von Leidenschaft erfülltes Bewußtsein – in ein und demselben Akt.

Eifersucht

VON DER UR-KRÄNKUNG
DES KINDES

Eifersucht ist eine Leidenschaft, die mit Eifer sucht, was Leiden schafft», so definierte der Berliner Theologe des 19. Jahrhunderts, Friedrich Daniel Schleiermacher, diesen ganz besonderen seelischen Zustand. Wenn wir in der täglichen Arbeit stehen und weder Zeit noch Kraft haben für Liebe und Leidenschaft, ist uns dieses Gefühl natürlich fremd. Unsere Leidenschaftslosigkeit und Lieblosigkeit schützen uns davor. Wenn wir uns aber an Zeiten erinnern, in denen wir jemand sehr liebten, dabei unser selbst aber noch unsicher waren, etwa an die Zeit der Tanzstunde, der ersten Liebe – oder wenn wir jetzt in einer Lebensphase stehen, in der die Liebe uns spürbar erfüllt, dann ist uns dieses Gefühl brennenden Schmerzes gewiß nicht fremd: Wir sind einfach ergriffen von Schmerz, wenn wir daran denken, daß die Geliebte sich nicht mit uns, sondern mit einem *anderen* trifft. Daß dem so ist, kann wahr sein oder nur eingebildet. Dies ändert nichts an unserem Leid, das an der Seele nagt und frißt. Wir lassen uns durch Schmerz und Kummer zu Handlungen hinreißen, die sich unserer Kontrolle entziehen.

In dieser Verfassung verhält sich der Mensch nicht rational. Sein Verhalten wird vielmehr von irrationalen Motiven gesteuert, über die sein Verstand keine Gewalt hat. Eifersucht verfolgt ihn, wo er geht und steht. Ist er an der Seite der Geliebten, dann wacht er eifersüchtig über sie; sie darf sich nicht zu auffällig kleiden, sich nicht hübsch machen, denn all dies könnte dem verhaßten Nebenbuhler gelten und nicht ihm selbst. So beobachtet der Eifersüchtige mit Eifer ständig seine Geliebte und läßt sie nicht aus den Augen. Verläßt sie ihn, was im Alltag unvermeidlich ist, dann verfolgt er sie unablässig, läßt sie von Freunden kontrollieren oder überläßt dies gar vornehm und diskret einem Detektiv. Sieht der Betrogene die Freundin in der Tat einmal zusammen mit dem Nebenbuhler, ertappt er sie also «in flagranti», dann wird der Schmerz unerträglich: Jetzt hat er wirklich mit Eifer das gesucht und gefunden, was sein Leiden gerade *schafft*, ständig nährt und lebendig hält.

Eifersucht kann viele andere Gefühle nach sich ziehen, die ihrerseits leidenschaftlich verfolgt werden. Es gibt geradezu *Eifersuchtsschicksale*, das heißt bestimmte seelische Auswirkungen von Eifersucht: Eine Frau kann zornig reagieren über die wahre oder eingebildete Untreue des Freundes, sie kann wütend auf ihn sein, ihn direkt hassen; einer der vielen Gründe übrigens, aus denen Liebe urplötzlich in *Haß* umschlägt. Der Haß kann dabei so weit gehen, daß man den sonst so geliebten Freund herabsetzt, verachtet, entwertet. Jede Kränkung, die sie ihm zufügen kann, ist ihr recht. Jede schwache Stelle wird dazu genutzt. Dieser Haß bleibt vielfach unterdrückt und äußert sich nur darin, den Freund zu quälen; er wird einem Verhör ausgesetzt, er muß alle Einzelheiten über die Begegnung mit der anderen Frau berichten. Dabei ist es nicht allein wichtig, was der untreue Freund tut oder unterläßt, sondern auch, wie sich die gehaßte Rivalin verhält. Hier dämmert uns ein unbewußter Grund zur Eifersucht, nämlich eine latente Beziehung der eifersüchtigen Frau zu der Rivalin, auf die wir in der psychologischen Analyse des sehr komplexen seelischen Zustandes «Eifersucht» noch näher eingehen werden.

Ein anderes Eifersuchtsschicksal ist es, wenn sich Eifersucht nicht als Zorn, Wut oder Haß nach außen auswirkt, sondern nach innen schlägt und zum *Selbsthaß* auswächst. Die Qual richtet sich nämlich oft genug auf den Eifersüchtigen selbst; er quält sich vor allem selbst. Das meint Schleiermacher, wenn er sagt: «...eine Leidenschaft, die mit Eifer sucht, was Leiden schafft», das heißt: sich *selbst* Leiden schafft. Es ist ein selbstquälerisches Leiden, geboren aus Zweifeln an der Treue des Geliebten, aus Zweifeln an den Fähigkeiten zu lieben und an den Wünschen, geliebt zu werden; Zweifel, die von Mißtrauen und Argwohn genährt und ständig geschürt werden. Dieses «Eifersuchtsschicksal» der *Selbstqual* führt zu Passivität, Tatenlosigkeit, Resignation und schließlich zur Selbstaufgabe, die Selbstmord nicht ausschließt; so wertlos und verächtlich empfindet sich nämlich ein in seinem Selbstwert verletzter und gedemütigter Mensch.

Ein weiteres Eifersuchtsschicksal ist die *Flucht in die Aktivität*, in den Tatendrang. Mag die Unruhe anfangs noch aus übersteigertem Mißtrauen stammen, unterhalten von Argwohn und Mißtrauen mit dem Ziel, die treulose Geliebte oder den treulosen Geliebten zu verfolgen, so wird sie später mehr und mehr aus leidenschaftlicher *Rache* gespeist. Jetzt bekommt die Eifersucht etwas Blindwütendes, das nur auf Rache sinnt. Ziel der Rache muß nicht immer die treulose Geliebte sein (um jetzt wieder aus der Sicht des Mannes zu sprechen). Die Rache richtet sich häufig genug, oft sogar ausschließlich, auf den verhaßten Rivalen, der dem Eifersüchtigen die Geliebte ausgestochen hat. Dieser Rivale wird verfolgt, bekämpft und geschmäht, wo immer es geht. Er muß büßen für seine Unverschämtheit, einem die Geliebte einfach wegzunehmen, auszuspannen; Grund genug für blindwütende, leidenschaftliche Rache. Tiefster Grund für die Heftigkeit dieser Leidenschaften sind die schon mehrfach erwähnten Enttäuschungen des liebenden Kindes. Ohne diese vorausgegangene Ur-Kränkung könnten wir die ruhelose Leidenschaft in der Eifersucht erwachsener Menschen nicht verstehen und befriedigend erklären.

Leidenschaft dauert oft Jahre oder gar Jahrzehnte. In Emily Brontës lesenswertem, von unheilvoller Stimmung erfülltem Roman «Wuthering Heights» (das heißt «Sturmhöhe») *zer-*

stört Eifersucht die erste Liebe zweier heranwachsender junger Menschen und zeigt dem Leser den erbarmungslosen Kampf eines Eifersüchtigen, dessen Lebenssinn nur noch Rache ist; eine Rache, die keine Grausamkeit scheut und nicht eher ruht, bis sie ihr Opfer gefunden hat. In Shakespeares bekanntem Drama «Othello» führt sie direkt zum *Mord*: Von Jago aufgehetzt, verfolgt der von Natur aus glückliche und allseits geschätzte Othello seine Frau Desdemona und erdrosselt sie in tödlicher Eifersucht.

Die Feinheiten eifersüchtiger Rache zergliedert in fast psychoanalytischer Weise Henry Beyle de Stendhal in seinem Roman «Rot und Schwarz». Hier ist es die Eifersucht Julien Sorels gegenüber der Tochter des Marquis de la Mole und die Eifersucht seiner früheren Geliebten gegenüber ihm und seiner späteren Geliebten das Thema. Aus diesem Roman lassen sich die verschiedenen Schicksale von Eifersucht herauslesen: *Haß* und Wut, die Julien zum Mordversuch an Madame de Reval treiben, die *Rache* der enttäuschten ersten Geliebten, die über den Vater der Rivalin gleichermaßen den treulosen Geliebten und die verhaßte Rivalin zu vernichten sucht, und die sich selbst verachtende Qual, der *Selbsthaß*, in den sich der unglückliche Held von der ihn ihrerseits grausam verachtenden Geliebten treiben läßt: Bittere Eifersucht läßt den verlassenen Liebhaber sich selbst hassen und vernichten.

Hier führt Eifersucht aus gekränktem Ehrgeiz zum *Mord*, zu persönlicher Rachsucht und zur Selbstqual. Bei allen drei Personen des Romans «Rot und Schwarz», bei Sorel selbst, bei der Tochter des Marquis de la Mole und bei Madame de Reval, verwandelt sich Liebe in Leiden. Da heißt es wörtlich, als die Geliebte von ihren anderen Herzensbekanntschaften erzählt hat: «‹Was, für Herrn von Caylus auch?!› rief Julien aus, die ganze bittere Eifersucht eines verlassenen Liebhabers sprach aus diesen Worten... Der Verdacht, daß ein Nebenbuhler geliebt wird, ist schon grausam genug, aber die Liebe, die dieser einflößt, sich von dem angebeteten Weibe haarklein gestehen zu lassen, ist der Gipfel des Unglücks... Er war vor Liebe und Kummer vernichtet... Juliens Seelenqual spottete jeder Beschreibung... Es war die höchste Pein, die ein Menschenherz ertragen kann.»

Wie kann es zu diesen Zuständen kommen? Welche seelischen Motive verbergen sich hinter diesem Verhalten? Ehe ich auf die Beantwortung dieser Fragen eingehe, möchte ich noch eines sagen: Was uns hier vom Dichter so lebendig geschildert wird und was die tragischen Helden der Literatur an intensiven Gefühlen von Liebe und Haß, von Eifersucht und Rache offen ausleben, vollzieht sich auch in uns, nur – meist sehr verdeckt. In einer Zeit ohne Leidenschaft, in der die Technik und die Ratio herrschen, werden solche Gefühle nicht geäußert. Sie bleiben verborgen. Das heißt aber nicht, daß sie nicht erlebt würden; es sei denn, die Menschen ließen sich auf keinen anderen Menschen mehr ein und lebten völlig isoliert voneinander.

Unter der herrschenden kollektiven Gefühlsverachtung werden diese leidenschaftlichen Gefühle aber *verdrängt*, und zwar um den Preis der verschiedensten seelischen Störungen. Ein Mann glaubt, von seiner Frau betrogen zu werden, und empfindet große Eifersucht. Anstatt nun, wie unsere Helden in Drama und Roman, dieses Erleben «mit Eifer zu suchen», erwacht er eines Morgens und kann nicht mehr lesen. Seine Augen sind organisch gesund, er sieht die einzelnen Buchstaben, bringt sie aber nicht zu Worten zusammen, geschweige denn die Worte zu Sätzen. Eifersucht hat ihn buchstäblich blind gemacht. Die Analyse vermag zu zeigen, was in ihm vorging: Er fand einen Brief seiner Frau, den diese an den Freund schrieb, voller Liebesschwüre. Dies hat ihn so erschüttert, daß ihm die Buchstaben vor den Augen tanzten und er den Sinn der Worte nicht fassen konnte. Diese Anwandlung von seelischer Schwäche hatte er aber in seinem Bewußtsein und nach *außen* bald heroisch überwunden und die keimenden Gefühle von Eifersucht und Haß über die Untreue, die

Racheimpulse und die mörderischen Regungen gegenüber dem Rivalen samt und sonders nach *innen* gewandt und unterdrückt. Dort wirkten sie aber, ihm selbst nicht bewußt, weiter und führten über Wege der neurotischen Symptombildung zu der Sehstörung. Eifersucht kann also wirklich blind machen.

Statt dieses Symptoms hätte unser Mann auch quälende Bauchschmerzen oder stechende Herzbeschwerden bekommen können, er hätte an einer depressiven Verstimmung oder an zwanghaftem Grübeln erkranken können. Er wäre zum Arzt gegangen, wäre dort gründlich und nach allen Regeln der medizinischen Kunst untersucht oder gar ins Krankenhaus überwiesen worden, ohne Erfolg, bis vielleicht jemand auf die Idee gekommen wäre, an eine seelische Ursache zu denken und ihm eine Psychoanalyse zu empfehlen. Dort wären dann im Laufe des psychoanalytischen Prozesses dieselben Leidenschaften zum Tragen gekommen, die unsere Helden aus Literatur und Kunst auf den Höhen erfolgreicher Liebe genießen und in den Tiefen der verschmähten Liebe und der Eifersucht bis zur bitteren Neige auskosten.

Verschmähte Liebe und Eifersucht hängen eng zusammen: Der andere liebt nicht uns, sondern einen Dritten. Jeder kennt dieses Gefühl stechenden Schmerzes, quälender Bitterkeit und brennender Trauer, das mit dieser Tatsache oder auch nur mit ihrer Vorstellung verbunden ist: Man hat das Gefühl, etwas Wertvolles verloren zu haben, etwas, das jetzt von uns getrennt ist, das wir nicht mehr haben. Es ist ein Gefühl, beraubt, bestohlen worden zu sein. Die entstandene Leere nach dem Verlust bedingt das damit verbundene Gefühl der Trauer.

Während wir uns im Zustand der Eifersucht befinden, glauben wir, daß der andere und der Dritte zusammen sind: die Geliebte mit dem verhaßten Nebenbuhler, der Freund mit der verhaßten Rivalin. Wir selbst sind allein. Unter diesem Aspekt der Beziehung ist es also die *Situation des Alleingelas-*

senseins, des Verlassenseins, des Im-Stich-gelassen-Seins, das die *soziologische* Dimension der Eifersucht charakterisiert. Wir haben niemanden, gehen leer aus, fühlen uns links liegengelassen, wie das fünfte Rad am Wagen. Wir fühlen uns zudem als Betrogene, denn wir hatten ja zuvor an den anderen geglaubt, ihn geliebt und uns als von ihm geliebt erlebt. Diese *Enttäuschung* mit der damit verbundenen *Kränkung* kennzeichnet die *psychische* Dimension der Eifersucht. Sie ist übrigens um so größer, je größer die eigene Liebe war, je abhängiger wir uns fühlten und je mehr der andere uns betrogen hat. So ergeht es zum Beispiel Christine in Arthur Schnitzlers «Liebelei»: Christine liebt ihren Fritz, während *sie* für Fritz nur eine Liebelei ist.

Die Erfahrung, durch einen Dritten betrogen worden zu sein, ist kränkend und demütigend; sie verletzt das Selbstwertgefühl, erschüttert das Selbstvertrauen. Es bedarf schon einer gesunden Selbstsicherheit, um eine derartige Enttäuschung gut verkraften und seelisch verarbeiten zu können. An dieser Selbstsicherheit aber mangelt es demjenigen, dem Eifersucht zur Leidenschaft auswächst, die ihn dann das Schicksal des Hassenden, der Rache oder des Selbstquälens erleiden läßt.

Die Eifersuchtsschicksale sind somit die Folgen der nicht ertragenen narzißtischen *Kränkung*, das heißt der Kränkung unseres Selbstwertgefühls. Haß und Rache helfen uns nur, die Demütigung des Verlassenwordenseins zu ertragen, unser verlorenes Selbstgefühl wieder zu erlangen. Analysieren wir die Hintergründe des Hasses, der Rache und der Selbstquälerei, so sind es *verletzte Eitelkeit* und *gekränkter Stolz.** Der uns verschmähende andere zeigt uns nämlich zweierlei: Erstens, daß wir nicht liebenswert sind, und zweitens, daß unsere Liebe ihr Ziel verfehlte und somit wirkungslos blieb. Wir

---

* Verletzte Eitelkeit und gekränkter Stolz greifen natürlich zu kurz: Theorie und Praxis der Psychoanalyse zeigen uns, daß es oft sehr tiefgehende Kränkungen sind, die mit einem Gefühl völliger Vernichtung verbunden sind (Ich-Verlust).

erscheinen unfähig zu lieben. Das kränkt uns. In psychoanalytischer Sprache ausgedrückt heißt dies, das Schicksal hält uns einen Spiegel vor: So bist du. Es ist also die Enttäuschung am eigenen Ideal, was uns in der Eifersucht so kränkt, was den beschämenden Charakter des Schmerzes in der Eifersucht ausmacht. Gekränkte Eitelkeit und verletzter Stolz sind sozusagen die verborgenen, *stummen* Symptome der Eifersucht, während Haß und Rache ihre *lärmenden* Erscheinungen sind.

Das Ziel von Haß und Rache kann der Partner sein oder auch der Dritte, dem sich der Partner zuwandte. Analysieren wir die Gründe dafür, dann stellt sich folgendes heraus: Der Mann greift die *Partnerin*, die untreue Frau an, wenn er von ihr – passiv – geliebt werden will. Er attackiert dagegen den von ihr bevorzugten *Rivalen*, wenn er sie – aktiv – liebt, das heißt, wenn das eigene Lieben das wesentliche Gefühl ist und nicht der Wunsch, geliebt zu werden. Im ersten Fall – der betrogene Mann greift die Partnerin an – ist der Mann zwar der *passiven* Liebe fähig, er bleibt aber abhängig von der Zuwendung seitens seiner Partnerin und kann so nur erleben, verlassen worden zu sein. Im zweiten Fall geht es um *aktives* Lieben, um Liebe aus einer gewissen Abhängigkeit heraus; eine Aktivität, die den Mann befähigt, den Haß direkt auf den Rivalen zu richten.

Das Interessante ist nun, daß sich hinter dieser Rivalität, hinter dem *Haß* auf den Rivalen nicht selten auch noch eine sehr versteckte *Liebe* verbirgt, die in unserer Gesellschaft aber immer noch sehr verpönt ist, nämlich deshalb, weil sie einem Menschen des *gleichen* Geschlechts gilt. Was aber in der Beziehung zwischen gleichgeschlechtlichen Menschen häufig mitschwingt, hat nicht gleich mit homosexuellen Handlungen zu tun. Unbewußt interessiert uns der gleichgeschlechtliche Dritte in dieser Sicht mehr als der andersgeschlechtliche Geliebte. Wir sind also eifersüchtig, weil der Dritte – aus der Sicht des Mannes – die Partnerin liebt und nicht uns. Da gleichgeschlechtliche Liebe aber verpönt ist, sagen wir uns unbewußt: «Ich liebe ja nicht ihn, sie liebt ihn ja», womit wir die homosexuelle Komponente der Eifersucht auf die Partnerin projiziert und damit aus unserem Bewußtsein ausgeschlossen haben.* In pathologischen Fällen kann die verborgene Homosexualität bis zur *Eifersuchtsparanoia* führen, in der alles Tun und Lassen des anderen Beweis für die Untreue ist, obwohl keinerlei realer Anlaß dazu besteht.

Neben verborgenen homosexuellen Impulsen gibt es auch Fälle, in denen *eigene* Regungen der Untreue unbewußt auf den Partner projiziert werden, so daß wir sie dann im Endeffekt als ihm zugehörig erleben. Ganz allgemein gilt: Die Eifersucht ist um so größer, je größer die eigenen abgewehrten Wünsche sind, dem Partner untreu zu werden.
Warum können Menschen offen oder verdeckt so lange und so heftig von dieser Leidenschaft, von Eifersucht, gequält sein? Was sind die tieferen Motive für diese Leidenschaft? Hier weiß die Psychoanalyse die Erklärung aus zahllosen Analysen von Menschen, die aus Eifersucht krank wurden und deswegen in psychoanalytische Behandlung kamen. Was wir dann finden, sind *vorgängige* schmerzliche Erfahrungen, die wir als Kind an unseren Eltern machten und die eine nie ganz verheilte oder im günstigeren Fall vernarbte *Wunde* hinterließen. Diesen schmerzlichen Erfahrungen kann kein Mensch entgehen. Sie gehören zur «conditio humana», zu den Bedingungen menschlichen Daseins.
Als Kind hatten wir die in der Eifersucht verborgenen Gefühle alle schon einmal erlebt. Wir hörten davon schon im Kapitel über Liebe, «Unordnung und frühes Leid». Wir hatten passiv unser erstes Liebesobjekt, die Mutter, geliebt und

* Die gesellschaftliche Ächtung der homosexuellen Beziehung spielt dabei aber die geringste Rolle. Viel wichtiger in der Genese der Homosexualität ist die *Angst vor dem gegengeschlechtlichen Partner*!

mußten die schmerzliche Erfahrung machen, nicht wiedergeliebt worden zu sein. Auch die liebste *Mutter* wird sich einmal vom Kind ab- und ihrem Mann zuwenden. Der treusorgende *Vater* wird das Kind früher oder später im Stich lassen, um seine Frau zu lieben. Von wem auch immer das *Kind* geliebt werden möchte, es macht die schmerzliche Erfahrung, im Stich gelassen worden zu sein. Natürlich ist diese Erfahrung um so stärker, je weniger die Mutter oder der Vater das Kind wirklich lieben. Um so größer wird also die seelische Wunde sein.

Die zweite schmerzliche Erfahrung macht das Kind, wenn seine erste kindliche aktive Liebe, sein Lieben, nicht «ankommt», wenn es nicht für voll genommen oder gar zurückgewiesen wird, mag diese Abweisung nun von der Mutter, vom Vater oder von einem anderen Menschen seiner Umgebung ausgehen. Auch hier ist die seelische Kränkung um so größer, je weniger die Erwachsenen in Wirklichkeit in der Lage waren, positiv auf die aktiven Regungen des kleinen Kindes zu reagieren.

In dieser *Ur-Kränkung* sehe ich das zentrale Moment der Eifersucht und ihrer Schicksale: Es ist die *seelische* Verfassung des Kindes, dessen Wünsche, geliebt zu werden, ihm ebenso versagt bleiben wie die, lieben zu können. Es ist die *soziale* Situation des von den anderen Ausgeschlossenen, dessen, der «draußen vor der Tür» steht, während die beiden anderen drinnen sind und zugleich lieben und geliebt werden. In dieser Ur-Erfahrung sehe ich den Hauptgrund für neurotische und andere psychopathologische Entwicklungen. Insofern ist *Eifersucht der «Kern-Komplex» der Neurose* und nicht der «Ödipus-Komplex». Freilich stürzen uns als Kind auch Phantasien über Inzest und Todeswünsche gegenüber den Eltern in schwere seelische Konflikte; Phantasien, die bekanntlich Ödipus unwissentlich in die Tat umsetzte, die wir jedoch nicht real ausleben. Was wir aber *real* erfahren, sind folgende *Tatsachen*: Wir werden nicht geliebt, unsere Liebe findet keine Resonanz, man läßt uns allein. Insofern können sogenannte ödipale Phantasien, nämlich – aus der Sicht des Knaben – mit der Mutter geschlafen und den Vater umgebracht zu haben, sogar helfen, *die viel schmerzlicheren Gefühle des Alleingelassenseins* leichter zu ertragen. Die ödipalen Phantasien und Gefühle stellen, psychoanalytisch gesprochen, Abwehrmanöver des kindlichen Ichs dar. Mit diesem neuen Verständnis der «triangulären» Situation des Kindes zwischen Mutter und Vater lösen sich die fruchtlosen Debatten über die Frage, ob eine neurotische Störung nun aus *ödipalen Konflikten der Dreiecksbeziehung* zwischen Mutter, Vater und Kind *oder* aus *narzißtischen Konflikten* herrührt: Die ödipale Dreierbeziehung mit dem Kind als dem Ausgeschlossenen *ist* die narzißtische Kränkung. Ödipaler Konflikt und narzißtische Kränkung sind, unabhängig davon, ob sich nun das Objekt vom Kind ab- und einem Dritten zuwendet oder ob dieser Dritte in die Beziehung, die das Kind mit dem anderen hat, eindringt und diese stört, in ein und derselben *psychischen* Verfassung und in ein und derselben *sozialen* Situation enthalten. Diese *Grundbefindlichkeit* in der Entwicklung des Menschen wahrzunehmen, zu erkennen und zu verarbeiten ist offensichtlich sehr schwer. Lieber quälen wir uns und unsere Mitmenschen mit eifersüchtigem Haß, mit Wut und Rache und steigern uns in derartige Gefühle leidenschaftlich hinein, die im Extrem Mord und Selbstmord nicht ausschließen. Lieber leiden wir nach Verdrängung von Haß, Wut und Rache an vielfältigen körperlichen und seelischen Störungen, an Kopfschmerzen, Herzbeschwerden, Depressionen und Zwängen, als daß wir erleben, erleiden und – erkennen, was unvermeidbar ist.

Es liegt also an uns selbst, welches Schicksal unsere Eifersucht erleidet. Gelingt es uns einzusehen, daß wir alle einmal hilflos und abhängig waren, daß wir alle einmal als Kind abgewiesen wurden, auf uns selbst zurückgeworfen, gelingt es uns also einzusehen, daß dies eine allgemeine Gesetzmäßigkeit der Entwicklung des Menschen darstellt, der niemand entrinnen kann, dann wird es uns eher möglich sein, den unvermeidbaren Verlust ohne «Flucht in die Krankheit» zu ertragen, wirklich zu verzichten und uns mit der Realität des Lebens zu versöhnen. Wenn wir uns den abgewehrten schmerzlichen Gefühlen der Hilflosigkeit bewußt *stellen*, dann besteht auch eine echte *Chance*, daß das sonst in Eifersucht und Leiden gebunden bleibende seelische Potential mobilisiert und realisiert werden kann; und dies hätte zur Folge, daß zwischenmenschliche Beziehungen intensiviert, neue Kontakte geknüpft werden und uns neue Schaffenskraft zur Verfügung steht.

Neid

MINDERWERTIGKEITS-GEFÜHLE ALS LETZTER GRUND

Neid ist ebenso wie Eifersucht eine Leidenschaft, die mit Eifer sucht, was Leiden schafft. Neid hat mit Eifersucht vieles gemein. So hat auch Neid verschiedene Schicksale, Neidschicksale. Neid ist vor allem mit einem tiefen Gefühl von *Minderwertigkeit* verbunden und ist letztlich auf unverarbeitete, frühere Kindheitserfahrungen zurückzuführen. Wir sprechen vom «Neid der Besitzlosen» und meinen damit, daß die Besitzlosen den Besitzenden ihren Besitz neiden. Das, was wir nicht besitzen, nicht haben, erregt unseren Neid. Dabei muß es nicht immer Besitz sein, was Neid auslöst, es kann auch eine Eigenschaft sein, die Neid erweckt: Schönheit, Gesundheit, Klugheit oder irgendein besonderer Charakterzug, den uns andere voraushaben.

Im Gegensatz zu Eifersucht, bei der immer *drei* Personen beteiligt sind – 1. eine, die eifersüchtig ist, 2. eine, auf die wir eifersüchtig sind, und 3. eine, wegen der wir eifersüchtig sind –, geht es beim Neid *in soziologischer Dimension* stets nur um *zwei* Personen: Die eine Person neidet der anderen etwas, was sie selbst nicht hat. Da der Mensch nicht alles selber haben kann an Gütern und an guten persönlichen Eigenschaften, wird es vermutlich immer andere geben, die mehr oder anderes haben als er. Insofern ist Neid ubiquitär, allgegenwärtig.

Der Mainzer Soziologe Helmut Schoeck, der ein umfangreiches Buch über den Neid geschrieben hat, bezeichnet Neid deshalb als eine «anthropologische Grundkategorie». Er meint, daß Neid «viel universaler ist als wir zugeben» und daß es oft einer «Demaskierung» bedarf, den vielseitig maskierten Neid zu entdecken. Dem kann der Psychoanalytiker nur beipflichten. In seiner Praxis häufen sich Fälle, bei denen schierer Neid in die Krankheit trieb. Neidgefühle können so anhaltend und intensiv sein, den Menschen so erfüllen, ihn derart in ihren Bann schlagen, daß wir sehr wohl von einer Leidenschaft sprechen können, wenn auch, im Gegensatz zu Liebe, von einer negativ zu bewertenden Leidenschaft.

Einige Beispiele aus dem Alltagsleben mögen dies illustrieren: Eine Frau mißgönnt anderen Frauen, daß sie Kinder haben. Sie selbst hat aber große Angst, ein Kind zu bekommen, was ihr unbewußt ist. Bewußt ist ihr nur der Neid. Ein anderer Fall: Ein Mann platzt immer vor Neid, wenn er mit ansehen muß, wie befreundete Kollegen unbeirrt Karriere machen, während er mit jedem Vorgesetzten Krach bekommt und immer wieder von vorne anfangen muß. Einem anderen Menschen läßt der Neid auf die Geschwister keine Ruhe, weil diese in Verhältnissen leben, die zu erreichen ihm nicht möglich war.

Diese drei Beispiele aus dem Alltag machen schon an der Oberfläche deutlich, welche Phänomene beim Neid eine Rolle spielen: Der Beneidete *hat* etwas, was vom Neider sehr hoch bewertet wird. Im ersten Fall ist es das Kind, im zweiten die Karriere, im dritten sind es die besseren materiellen Verhältnisse. Der Neider schätzt sich selbst dagegen gering ein: Die Frau hat Angst, ein Kind zu bekommen, der Mann hat Schwierigkeiten mit seinen Chefs, im dritten Beispiel hat es der Betreffende in seiner materiellen Sicherung selbst nicht weit gebracht. Diese Polarität der Werte zwischen Beneidetem und Neider ist für den Neid charakteristisch. Beide Pole gehören indessen zusammen. Meist weiß der Beneidete gar nicht, daß er beneidet wird. Neid ist nämlich stumm nach *außen*, zehrt aber *innerlich* ständig an den Kräften. Fortwährend ist der Neider mit dem Beneideten beschäftigt. Er vergleicht sich mit ihm, mißt seinen Wert an ihm, seine körperliche

Kraft, seine Geistesgaben, seinen materiellen Reichtum. Magisch angezogen von den Vorzügen des Beneideten, kommt er immer wieder zu dem quälenden Ergebnis: Ich bin schlechter dran als der andere.

Neid also wird zwar durch den Beneideten ausgelöst: Dieser stellt den auslösenden Reiz dar. Das Gefühl des Neides aber – oder, wenn lang anhaltend und intensiv, die Leidenschaft des Neides – sitzt in der Seele des Neiders selbst. Selbstquälende, mißgünstige und selbstzerstörerische Vorstellungen erfüllen ihn. Die ständige Verstimmung bedrückt ihn, lastet auf ihm. Neid vergiftet innerlich, zehrt an der Substanz, nagt und frißt sich ein in die Seele. Dies ist die *psychologische Dimension* des Neides.

Neid ist die sich selbst verzehrende Begierde. Wird der Neid chronisch und gibt der daran Leidende die Hoffnung auf, jemals etwas an den Verhältnissen ändern zu können, wird er zum *Ressentiment*, zum «Lebensneid», wie Friedrich Nietzsche sagt. Dies ist eine Leidenschaft, die – oft ein Leben lang – alles Starke, Wohlgeratene, Glückliche, Gesunde, Natürliche haßt, weil man es selbst nicht hat, und die ihre Befriedigung nur darin findet, an anderen kein gutes Haar zu lassen, sie schlechtzumachen, sie zu entwerten, um sie dadurch zu verkleinern, um sich selbst schadlos zu halten für das Entbehrte und für das Zu-kurz-gekommen-Sein.

Indem Ressentiment das, was der andere hat, entwertet, entwertet der Ressentimenterfüllte aber zugleich sich selbst. Ich erinnere mich an einen Patienten, der, krank vor Neid, sich innerlich aufzehrte. Er entwickelte tagsüber Phantasien, in denen er im Reiche der Beneideten lebte, während diese sich nachts in seinen Träumen in seinem Haus breitmachten, es okkupierten und zerstörten. Die Neidgefühle zersetzten und vergifteten ihn auch körperlich: Er fühlte Gift in sich und träumte, daß sich sein Körper auflöse in eine gelbe Brühe mit spitzen und scharfen Messern darin. Hier, beim Ressentiment, sind alle Kriterien menschlicher Leidenschaft erfüllt.

Insofern ist Ressentiment die Leidenschaft des Neides, leidenschaftlicher Neid, im Gegensatz zum Neidgefühl.

Ein Neidschicksal ist also die *Selbstschädigung*. Wird diese Selbstschädigung lustvoll, dann bekommt der Neid eine masochistische Komponente und nähert sich damit einer Perversion. Die Selbstschädigung kann so weit gehen, daß objektivierbare körperliche Symptome entstehen, für deren Ursache der Neid zumindest einen wesentlichen emotionellen Faktor darstellt, etwa ein Magengeschwür oder eine Darmerkrankung. Oder der Mensch wird «blaß vor Neid», weil sich die Blutgefäße verkrampfen und infolgedessen der Blutdruck sich erhöht; oder er wird «gelb vor Neid», weil sich die Galle staut und, verbunden mit Störungen der Leberfunktion, ins Blut übergeht.

Neid kann aber auch nach außen wirken und wütenden *Haß* auf den Beneideten hervorrufen: ein weiteres Neid-Schicksal. Selten wird der Haß aber offen geäußert; er bleibt verborgener, ohnmächtiger Zorn. Auf versteckte Weise versucht der neiderfüllte Mensch, dem beneideten zu schaden. Oft genug ist es gar nicht der Beneidete selbst, sondern jemand anders, der den verhaltenen Haß gelegentlich in offenen Vorwürfen oder versteckten, gehässigen Bemerkungen abbekommt. Häufig ist es der Ehepartner, oder es sind die Kinder, die unter den Ausbrüchen oder dem ständigen, entwertenden Nörgeln des mit sich selbst unzufriedenen Neiders zu leiden haben, zum Opfer gemacht werden. Partner, Kinder, Freunde werden schlecht gemacht, hereingelegt, bloßgestellt, gegeneinander ausgespielt und verunglimpft. Auf oft perfide, intrigante Art sucht der Neider Entschädigung für sich selbst. Insofern haben wir hier ein Neid-Schicksal vor uns, dessen Charakteristikum die *Fremdschädigung* ist. Shakespeares Othello, den wir als Beispiel für Eifersucht kennen, ist das Opfer eines Neiders, nämlich des nicht heißblütig hassenden, sondern kalt berechnenden Jago. Dieser ichbezogene Mensch neidet Othello seine Stellung, sein Geld und sein Glück mit

Desdemona. Deshalb heizt er seine Eifersucht an, wo immer er kann, und findet sadistische Befriedigung im Verderben des Beneideten. Auch an dieser Stelle wird die nahe Beziehung zur Perversion, hier zum Sadismus, deutlich. Aus Neid gespeistes Verhalten kann in *Kriminalität* übergehen. Die sinnlose Zerstörung von Fremdeigentum ist häufig Folge geradezu leidenschaftlicher Ausbrüche von Neid. Es heißt: «Sie haben gehaust wie die Vandalen», wenn Jugendliche mutwillig Autos beschädigen, Automaten knacken oder die Apparate in Telefonzellen zerstören.

Im Neid-Schicksal Selbstschädigung wirkt die Neid-Arbeit nach innen, im Neid-Schicksal Fremdschädigung tobt sie sich nach außen aus. In jedem Fall ist das peinvolle Wahrnehmen von Vorzügen des anderen im Unterschied zu einem selbst die *stumme* psychische Ursache der *lärmenden* Symptome von Selbst- und Fremdschädigung. Sich selbst kann der Neider weder schätzen noch lieben. Selbst mißgünstig behandelt als Kind und Jugendlicher, mißgönnt er den anderen alles, woran sie sich freuen. Der Neid-Mensch ist ein armer, bedauernswerter Mensch, selbstunsicher, voller Skrupel und Zweifel und ohne jedes gesunde Selbstbewußtsein.

In psychoanalytischer Fachsprache reden wir von einer narzißtischen Persönlichkeitsstörung. Deren Hauptmerkmal ist eine *«Ich-Störung»* im Sinne eines *Mangels* an einer stabilen, integrierten Ich-Struktur. Im Gegensatz zum eigenen, düsteren Selbstgefühl erscheint alles andere in leuchtenden Farben. Die lebendige, gesunde Farbe anderer, deren Reden, Aussehen, Handeln erinnert peinlich an der eigenen «Gedanken-Blässe». Das sind ähnlich demütigende Gefühle des eigenen Unwertes wie bei der Eifersucht. Diese *Unwertgefühle* sind so schwer zu ertragen, daß ein urplötzlicher leidenschaftlicher Ausbruch, bei dem man vor Neid bersten könnte, oder das ständig an den eigenen Kräften zehrende Gefühl blanken Neides als geringere Übel erscheinen.

Wir wollen jetzt drei spezielle Neidformen näher betrachten, die uns häufig das Leben schwermachen. Deshalb ist es gut, sie zu kennen. Da ist zuerst der *Geschlechterneid*, der Neid zwischen den Geschlechtern. Bekannt und häufig mißverstanden ist der von Freud so genannte Penis-Neid als Neid des Mädchens auf das Glied des Knaben oder, im übertragenen Sinn, als Neid der Frau auf die in unserer Gesellschaft trotz Frauenbewegung sozial immer noch höher eingeschätzte Bewertung des Mannes. Wir haben keine Schwierigkeiten, diesen Neid auf die gesellschaftlich höhere Einschätzung des Mannes zu verstehen. Schwieriger ist es im allgemeinen, für den Penis-Neid Verständnis aufzubringen. Penis-Neid wird heute nicht nur durch Alice Schwarzer, sondern auch im psychoanalytischen Lager selbst nicht mehr als der große «kleine Unterschied» empfunden, und doch finden wir in der psychoanalytischen Praxis immer noch genug Frauen, bei denen der Neid auf das männliche Glied wirklich die Hauptrolle spielt. Dies verwundert nicht, denn das Glied des Mannes ist sichtbar, während die Scheide der Frau unsichtbar ist. Die Frau kann den Mann auch deshalb beneiden, weil er auf Grund der anatomischen Verhältnisse – bei nicht erigiertem Glied – im Gegensatz zu ihr nicht aktiv erobert werden kann. Er ist damit gleichsam vor Vergewaltigung geschützt, während die Frau auch in unerregtem Zustand prinzipiell zu jeder Zeit vergewaltigt werden kann. Insofern ist die Anatomie wirklich, wie Freud schrieb, «Schicksal» und der Unterschied doch nicht so «klein», wie uns Alice Schwarzer weismachen will.

Je mehr die Frau glaubt, *unvollständig* oder *unvollkommen* zu sein, mit einem Körpergefühl, daß ihr da etwas fehlt, um so mehr wird sie den Mann beneiden. Insofern ist die Wurzel des Neides wieder ein Mangel, und zwar ein ganz spezifischer Mangel, nämlich Mangel im genitalen Bereich. Ist sich die Frau dagegen ihrer Weiblichkeit sicher oder gar stolz darauf, hat sie keinen Grund, dem Mann etwas zu mißgönnen.

Weniger bekannt ist, daß auch *Männer auf Frauen* neidisch sein können, und zwar auf ihre Fähigkeit, Kinder empfangen, austragen und insbesondere sie gebären und stillen zu können. In primitiven Gesellschaften gibt es den Brauch der Männercouvade, bei der sich während des Wochenbettes der Frau auch der Mann ins Bett legt und sich versorgen läßt. Bei uns ist der Mann besonders neidisch auf die Brust der Frau; nicht von ungefähr spielen Brüste in allen Variationen der Aufnahmetechnik eine so große Rolle in unseren Magazinen und Illustrierten.

Allgegenwärtig ist der *Geschwisterneid*. Jüngere Geschwister schauen ebenso voller Mißgunst auf die bevorzugte Position der älteren in der Geschwisterreihe wie ältere auf die jüngeren, wenn diese bevorzugt werden. Wer kennt nicht die Wutausbrüche in der Kinderstube, wenn das eine Kind dem anderen das Spielzeug zerstört, weil es dieses nicht selbst haben kann. Das Kind denkt: Wenn ich es nicht habe, soll es das andere Kind auch nicht haben. An Kindern und deren offenem Neid können wir leicht beobachten, was im Erwachsenen verborgen ist.

Überall anzutreffen ist auch der *Generationenneid*, der Neid zwischen Eltern und Kindern. Eltern neiden Kindern ihre Jugend, ihre Frische, ihre Ungezwungenheit, ihre Freiheit; nicht zuletzt ihre größere sexuelle Freizügigkeit. Kinder neiden umgekehrt Eltern ihren zeitlichen Vorsprung, ihre Position, ihr Wissen, ihr *Sexualleben*. Aus Analysen wissen wir, daß es letztlich der Neid des kleinen Babys ist, der noch im Erwachsenen nachwirkt, der Neid nämlich des Babys an der Mutter Brust auf die Quelle, aus der Milch und Honig fließen. Melanie Klein, die 1960 in London verstorbene Analytikerin, hat die zerstörende Macht dieser heute allgemein anerkannten frühen Neidgefühle in psychoanalytischen Behandlungen von Kindern entdeckt. Sie finden sich aber auch in vielen Analysen von Erwachsenen. Sie zeigen sich im quälenden Neid des einzelnen (und in der psychoanalytischen Gruppenpsychotherapie im Neid einer ganzen Gruppe) auf die tatsächlichen und eingebildeten Fähigkeiten eines als allmächtig und im Besitz unerschöpflicher Quellen befindlich erlebten Analytikers, der unbewußt als die alles besitzende Mutterfigur erlebt wird. Nicht minder intensiv ist aber auch der *Sexualneid* des Kindes auf die der Sexualität frönenden Eltern.

Neidgefühle sind der Entwicklung des Kindes sehr abträglich. Da das beneidete Objekt im Geist entwertet, angegriffen und zerstört ist, kann es dem Kind nicht mehr nützen. Schuldgefühle, es zerstört zu haben, quälen es. Ängste, deswegen angegriffen zu werden, erfüllen es und treiben es in die Verzweiflung desjenigen, der tragischerweise aus Neid das zerstört hat, was er braucht. Genau dies geschieht in Reproduzierung der kindlichen Lebensgeschichte häufig in der Psychotherapie: Der Patient zerstört in seinem Neid das, was der Psychoanalytiker ihm geben könnte. Manche sogenannte «negative therapeutische Reaktion», mit anderen Worten: mancher Mißerfolg oder Fehlschlag ist auf Folgen des Neides zurückzuführen. Es handelt sich um Menschen, «die am Erfolg scheitern». Ist es doch sehr schwer zuzugeben, daß einem etwas fehlt und daß der andere dieses gewisse Etwas hat. Entwerten wir das Gut des anderen, dann haben wir zwar unser Selbstwertgefühl scheinbar wieder gewonnen, uns aber gleichzeitig die Möglichkeit genommen, Hilfe zu bekommen.

Gemeinsamer Nenner aller Neidformen ist die Polarität zwischen dem hochgeschätzten Gut des anderen und der eigenen Minderwertigkeit, dem eigenen Mangel. Ohne Minderwertigkeit kein Neid. Selbstsicherheit ist also das beste Gegenmittel gegen Neid. Ein stabiles Selbstgefühl zu erringen, ist aber schwer und dauert seine Zeit. An dieser Stelle möchte ich *die soziale Dimension des Neides* aufzeigen: Neid wird zumindest zum Teil unterhalten durch *reale* soziale Ungerechtigkeiten. Was soll denn das in Armut aufwachsende Kind machen, um angesichts seiner beengten Verhältnisse nicht auf diejenigen, die bessere Chancen haben, neidisch zu sein? Was soll denn der arbeitslose Jugendliche tun, um nicht auf die Söhne und Töchter besser situierter Eltern, die das Gymnasium besuchen, voll Mißgunst zu schauen? Und wie sollten die Arbeiter und Handwerker nicht diejenigen beneiden, die höhere Schulen und Universitäten besuchen, aufstehen können, wann sie wollen, Zeit haben, interessante Bücher zu lesen, Muße, nachzudenken, Gelegenheit, zu diskutieren und sich politisch zu engagieren?

Diesen unnötigen, von *sozialen* Ungerechtigkeiten herrührenden Neid *psychologisch* zu deuten, wäre eine verkürzte Betrachtungsweise. Ihn ausschließlich psychoanalytisch erklären zu wollen, täte den Betroffenen unrecht. Hier können nur *politische* Maßnahmen mit dem Ziel einer größtmöglichen Chancengleichheit Abhilfe schaffen. Hier ist viel getan worden: in der Bildungspolitik, im Gesundheitswesen; hier bleibt aber noch viel zu tun. Allerdings dürfen wir nicht der Illusion verfallen zu glauben, daß die Unterschiede zwischen den Menschen gänzlich abzuschaffen wären. Der Unterschied zwischen den Geschlechtern bleibt ebenso naturbedingt bestehen wie der zwischen Eltern und Kindern und der zwischen Geschwistern. Diese Grundgegebenheiten des Lebens sind ebensowenig abzuschaffen wie Unterschiede im körperlichen Aussehen. Dies ist in keinem politischen System möglich. Was wir aber tun können, ist folgendes: die unvermeidbaren Unterschiede nicht unnötig groß werden zu lassen, etwa in der Erziehung unserer Kinder. Was wir außerdem tun können, ist: die vermeidbaren Unterschiede so klein wie möglich zu halten durch entsprechenden materiellen Ausgleich zwischen den viel Besitzenden und den wenig Besitzenden, etwa durch die Steuergesetzgebung zwischen Kinderreichen und Kinderlosen, zwischen Verheirateten und Ledigen. So läßt sich Neid im Sinne einer effektiven Neidprophylaxe verhüten.

Was können wir in dieser Hinsicht noch tun? Wir können bereits entstandenen Neid umzuwandeln versuchen in *gesundes*

Rivalisieren. Anstatt ständig nach den Besitzenden zu schielen und alle Kraft in Mißgunst zu verzehren, können wir selbst beginnen, etwas «zu erwerben, um es zu besitzen». Wir können das Mißverhältnis zwischen der *Unter*schätzung von sich selbst und der *Über*schätzung des anderen in Frage stellen und den Neider auf die eigenen Vorzüge aufmerksam machen, die er vor blankem Neid auf die Vorzüge des anderen gar nicht mehr wahrnimmt. So kann eine Frau, die die Männer um ihr Ansehen in unserer Gesellschaft beneidet, in einer Art «Umwertung der Werte» die Vorzüge entdecken, die in ihrer eigenen, ihr selbst aber bislang verborgenen gesunden Weiblichkeit begründet sind. Wenn eine solche Frau dagegen ständig neidvoll auf die Vorzüge der Männer schaut und diese so *auf*wertet, *ent*wertet sie sich selbst und steht sich selbst im Wege. Wenn sie die Fähigkeit, Mutter zu werden und sein zu können, ablehnt und nicht als einen Vorzug erkennt, teilt sie blind die Werte der Welt der Männer, setzt sich selbst herab und verbaut sich die Chance, über ungeahnte eigene Erfahrungen sich selbst und ihre Angehörigen zu bereichern. Was sie daran hindert, ist oft genug eine internalisierte «böse» Mutter, die der Tochter nichts gönnt – aus Neid, weil sie glücklich ist, es besser hat als sie. Dies zu erkennen, kann dazu führen, in sich selbst das Positive wahrzunehmen, das eigene «Sein und Haben», und in dem der anderen auch das Negative zu registrieren und dazwischen zu differenzieren.

Freilich werden dadurch die Unterschiede zwischen den Menschen *nicht* aufgehoben. Deshalb ist eine neidlose Gesellschaft eine Utopie. Wir können aber alles tun, um zum Beispiel *als Eltern* unsere Kinder zu selbstsicheren Menschen heranwachsen zu lassen. Unter allen Umständen sollten wir vermeiden, ihnen in übertriebener, neidgesteuerter Leistungssucht ein schlechtes Vorbild zu geben. Damit wäre vielen Formen des Neides am besten vorgebeugt. Dies setzt allerdings voraus, daß einerseits die Eltern in sozial einigermaßen stabilen Verhältnissen leben; dafür zu sorgen wäre *Aufgabe des Staates.*

Es setzt zum anderen voraus, seiner selbst psychisch einigermaßen sicher zu sein; dies wäre eines jeden *eigene* Aufgabe. Freilich ist letzteres wiederum an die Bedingungen geknüpft, als Kind nicht allzuviel entbehrt und einigermaßen befriedigende Vorbilder in den Eltern und in anderen Erwachsenen erlebt zu haben.

Sind diese Bedingungen erfüllt, dann können wir neidlos das anerkennen, was der andere hat. Ich kann mir selbst dann sagen: Habe ich auch eine bestimmte Qualität des anderen nicht, so habe ich doch etwas anderes, was dieser nicht hat. Als in meiner Geschlechtsidentität sicherer Mensch habe ich Neid auf das andere Geschlecht nicht nötig. Wenn ich mich selbst schätze, entbehrt Existenzneid seiner Grundlage. Ich weiß, wer ich bin, deshalb kann ich den anderen so sein lassen wie er ist, anstatt mich darin zu verzehren, der andere *sein* zu wollen.

Was bleibt, ist allerdings schlimm genug: Es ist der Neid des Mannes auf den besseren Mann, der Frau auf die – vermeintlich – bessere Frau! Auch dies müssen wir in unerbittlichem «*Erkenne dich selbst*» in uns wahrnehmen, um dieser zerstörerischen und zehrenden Kräfte in uns Herr zu werden.

Was dann als Neid noch bleibt, mag kollektiv der Verdrängung verfallen oder zu Schutzmechanismen führen, die uns im *Glück* des anderen die Ursache seines Reichtums und unserer Armut sehen lassen. Wir sagen uns dann: Hätten wir unter denselben günstigen äußeren Verhältnissen oder unter denselben sozialen Ausgangsbedingungen gelebt, dann hätten wir es genauso weit gebracht. Deswegen ertragen wir es auch leichter, wenn jemand im Ausland etwas geworden ist statt im Heimatort. Dort, im Ausland, hätte ich es auch geschafft, genauso wie er, nicht aber hier, im Heimatort, wo er es sicher auch nicht geschafft hätte. So trösten wir uns.

Alles in allem: Neid ist ein Gefühl, das wir in jedem Fall insofern als Leidenschaft bezeichnen können, als es – im wörtlichen Sinne – Leiden schafft. Neid kann sich aber auch, wird er nicht zum Neid-Schicksal der Selbstverständigung, als leidenschaftlicher Neid nach außen wenden, womit er sich freilich mit leidenschaftlichem Haß trifft. Er füllt den Menschen aus, zehrt an ihm. Wir hörten schon: Neid verzerrt die Wahrnehmung und sieht im anderen nur das Gute und in sich selbst das Schlechte. Im *Ressentiment*, der eigentlichen Leidenschaft des Neides, verzehrt sich der Mensch, indem er im «Lebens-Neid» anderen das mißgönnt, was er sich selbst nicht gönnen kann. Der Neid selbst wirkt stumm im schmerzlichen Erkennen der Polarität zwischen der *Über*bewertung des anderen und der *Unter*bewertung der eigenen Person. Die Neid-Schicksale Selbstschädigung und Fremdschädigung weisen dagegen in ihren Resultaten auf das lärmende Wirken des Neides überdeutlich hin. Wir wollen abschließend den Neid weder über- noch unterschätzen. Wir sollten aber lernen, ihn in uns selbst und in anderen rechtzeitig zu erkennen, um besser gerüstet zu sein, mit dieser wirklich negativen Leidenschaft *so* umzugehen, daß größerer Schaden vermieden und unnötiges Leiden verhindert wird.

Habsucht
Herrschsucht
Ehrsucht

GESUNDES SUCHEN
ODER ABARTIGE LUST?

Mit Habsucht, Herrschsucht und Ehrsucht verbinden wir am wenigsten die Vorstellung menschlicher Leidenschaften. Und doch wird jeder von uns Menschen kennen, die leidenschaftlich ihren *Besitz* mehren, an ihm hängen und ihn bis in den Tod verteidigen. An dem, was sie haben, halten sie geradezu «süchtig» fest. Jeder kennt auch Menschen, die aus Leidenschaft *Macht* oder *Herrschaft* ausüben, die nicht eher ruhen, bis sie eine einflußreiche Position errungen haben, die sie nur deswegen erfüllen, um zu herrschen und sich in der Machtausübung zu befriedigen. Politiker weihen einer Idee ihr Leben, und doch ist bei vielen das elementare Bedürfnis zu herrschen, der entscheidende Antrieb.

Nach *Ehre* und *Ruhm* zu streben, dürfte uns nicht fremd sein, obwohl wir in der Regel derartige Wünsche verdrängen. Wer aber möchte nicht, wenn er ehrlich ist, wenigstens davon träumen, so bekannt wie ein berühmter Fußball- oder Filmstar zu sein, ein vom Volk gefeierter Politiker, ein allseits bewunderter Mann der Wissenschaft oder ein hochgeehrter Künstler? Nach Ehre und Ruhm kann der Mensch so anhaltend und intensiv streben, daß man sehr wohl von Leidenschaft sprechen kann. Der französische Philosoph Ricœur nennt Habsucht, Herrschsucht und Ehrsucht die «Trilogie der Leidenschaften», hinter der ein allgemein menschliches «Suchen» als «Modalität menschlichen Begehrens» verborgen ist.

Auf diese menschliche Grundkategorie des Suchens will ich in diesem vorletzten Kapitel über die menschlichen Leidenschaften besonders eingehen. Zuvor aber wollen wir uns jeder der drei jetzt zur Diskussion stehenden Leidenschaften einzeln zuwenden.

In der *Habsucht*, der Sucht zu besitzen, steckt eine Begierde, Gegenstände, auch Menschen oder einen ganz bestimmten Menschen zu erwerben und zu besitzen. Das Erwerben, das heißt die Tätigkeit, der Vorgang an sich, kann schon leidenschaftlich sein, so daß man direkt von *Erwerbssucht* sprechen könnte. In anderen Fällen ist es mehr der Gewinn, der den Menschen leidenschaftlich bewegt. Er will seinen Besitz mehren, zum bisherigen Besitz dazugewinnen. Dann handelt es sich um *Gewinnsucht*. Liegt der Akzent auf dem Nicht-Hergeben des Besitzes, dem Behaltenwollen, dem krampfhaften Hüten des Gewonnenen, dann bezeichnen wir bekanntlich dieses Verhalten als *Geiz*.

Klassisches literarisches Beispiel dafür ist Molières Gestalt «Der Geizige». Diesem abschreckenden, negativen Vorbild Harpagon als der Inkarnation des Geizes bedeutet der Inhalt der Geldkassette mehr als alles auf der Welt, mehr als das Glück seiner Kinder. Er gibt seine Tochter dem alten Anselm, weil er so um die Mitgift herumkommt und seine Schätze behalten kann. Aus demselben Grund ist es ihm lieber, wenn der Sohn eine Witwe heiratet. Beim Geizigen dreht sich wirklich alles um den Schatz, den er hütet. Eine krankhaft gesteigerte Angst, bestohlen zu werden, gesellt sich oft zum Geiz; sie ist geradezu eine Folgeerscheinung des Geizes. Wie bei Eifersucht und Neid können wir dann von einem *Geizschicksal* als besonderer Weiterentwicklung einer Leidenschaft sprechen. Das dafür charakteristische Verhalten hat Maccius Plautus in der Person des Euclido in dem Stück «Aulularia», der sogenannten «Topfkomödie», in noch urtümlicherer und konkreterer Weise als Molière im «Geizigen» gezeichnet: Euclido besitzt einen Topf voller Geld, den er von seinen Vorfahren ererbt hat. Sein ganzes Trachten ist es, diesen Schatz zu hüten.

Dabei nimmt sein Mißtrauen wirklich groteske Formen an: In allen Menschen sieht er potentielle Diebe, kein Versteck ist ihm sicher genug, und als der Schatz wirklich einmal gestohlen ist, gerät Euclido vor Wut und Verzweiflung «außer sich». Dieses krankhaft übersteigerte Mißtrauen ist ein weiteres Geizschicksal. In beiden pathologisch übersteigerten Entwicklungen sehen wir im Extrem, was alles passieren kann, wenn wir unser Herz allzusehr an Güter hängen. Unser ganzes Wertgefühl scheint im Schatz investiert. Dieser – der Schatz, das Objekt – ist unser ein und alles, während wir uns selbst als Subjekt unwertig fühlen. Fehlt dann plötzlich der Schatz, der so hochgeschätzte Gegenstand, dann haben wir nichts mehr. Das heißt psychologisch: nicht mehr uns selbst; da wir uns als Subjekt nicht schätzen, unser Selbstwertgefühl damit vom Objekt Schatz abhängt, ist mit diesem Verlust nichts mehr da, was uns etwas wert sein kann.

Zu welchem Verhalten ein derartiges Verlegen des eigenen Wertes in einen Gegenstand führen kann, zeigt uns E. T. A. Hoffmann an der Gestalt des Goldschmieds Cardillac in der Novelle «Das Fräulein von Scuderi». Cardillac wird zum Mörder, weil er es nicht ertragen kann, ohne die kostbaren Geschmeide, die er selbst geschmiedet hat, zu leben. Was als «Stimme des Satans» oder als Cardillacs «böser Stern» in der Literaturwissenschaft beschrieben wird, hängt psychologisch mit der unbewußten Abhängigkeit des Goldschmiedes von dem durch ihn geschaffenen Schmuck zusammen. Dieser bedeutet für den Künstler mehr als eine materielle Kostbarkeit. Der Schatz, hier das Gold, bedeutet psychoanalytisch etwas ideell Wertvolles: Sicherheit, Schutz, Geborgenheit, wie dies einst bei der Mutter erlebt wurde.

Haben wir Sicherheit, Schutz und Geborgenheit als Kind nicht erfahren, dann suchen wir unser Leben lang danach. Haben wir das leidenschaftlich Ersehnte bei Menschen nicht gefunden, dann suchen wir es uns selbst zu erschaffen: in der Phantasie, angeregt durch Theater, Film und Fernsehen. Der

Künstler gestaltet seine Sehnsucht in Bildern oder Plastiken. Während er arbeitet, lebt er gleichsam in einem Rausch, in dem die Welt für ihn versinkt, in dem nur noch er und das künstlerische Objekt leben. Subjekt und Objekt, Künstler und der von ihm gestaltete Gegenstand sind eins, wie in einer Art Orgasmus vereint oder wie Mutter und Kind in der Symbiose des ersten Lebensjahres.

Jetzt verstehen wir besser, wenn Menschen wie Molières Harpagon, Plautus' Euclido oder E. T. A. Hoffmanns Cardillac sich einfach nicht von ihren Schätzen trennen können: Der Schatz repräsentiert gleichsam einen Wert, von dem das ganze Leben abhängt. Die Analyse derartiger Menschen zeigt, daß sie im Grunde in ihrer psychischen Entwicklung stehengeblieben sind. Ihr Herz hängt an einer Sache, die unserer Definition von Leidenschaft gemäß unverhältnismäßig viel Zeit und Kraft beansprucht. Jemand, der leidenschaftlich nach Geld jagt, Juwelen, Münzen oder antike Schätze sammelt und mehr als angemessene Befriedigung im Erwerben, Sammeln, Haben, Besitzen und Behalten hat, der lebt auf Kosten anderer Gefühle. Seine einseitig gewucherte Leidenschaft blüht dabei nicht nur um den Preis anderer Gefühle, *sondern auch auf Kosten der zwischenmenschlichen Beziehungen.* Beziehung nämlich schließt immer ein Geben ein. Will ich nur haben, kann ich in einer Beziehung nichts gewinnen. Einen Menschen haben wollen, besitzen wollen und in einer Beziehung zu ihm stehen, das schließt sich gegenseitig aus. Beziehung kann überhaupt nicht auf Gewinn aus sein, auf Haben oder Besitzen. *Beziehung ist gerade dadurch gekennzeichnet, daß sie nicht haben, nicht besitzen will.*

Ein anderer Mensch entzieht sich, wenn er sich wie ein Objekt, das man erwirbt, besitzt und behält, behandelt fühlt. Und doch ist dieses Motiv des Habenwollens, des Besitzenwollens sehr verbreitet. Viele Menschen sind nämlich an eine kindliche Entwicklungsphase fixiert, die die Psychoanalyse, für manche befremdend genug, die «anale» genannt hat. Denn

Vorbild für alles Geben und Behalten ist das allererste Geben oder Behalten des Stuhls, des Kotes, der vom Kind als wertvollstes Gut erlebt wird. Ihn *hergeben*, ist für das Erleben des kleinen Kindes Verlust, ihn behalten Gewinn. Dies ist besonders dann der Fall, wenn es an Liebe zwischen Kind und erster Bezugsperson mangelt. Dann bekommt das selbstproduzierte Objekt einen überhohen Wert, den es nicht bekäme, erlebte das Kind mehr Zuwendung, würde es von anderen mehr geschätzt.

Die *Zuwendung* ist aber auch nur dann entwicklungsfördernd, wenn sie ihrerseits frei von Habsucht ist. Wird das Kind von den Eltern etwa als Eigentum oder Besitz betrachtet und wie ein Augapfel gehütet, dann wird es eingeengt, kann es sich nicht entfalten. Wir sprechen in der Psychoanalyse von «besitzergreifender» Liebe, von «possessivem» Verhalten. Ein derartiges Verhalten ist schädlich für das reifende kindliche Ich und kann dessen Entwicklung so hemmen, daß dadurch der Keim für eine spätere Psychose gelegt wird. «Unaufdringlich» sollte Liebe sein, «gut genug», aber nicht «zu» gut. Eine allzu aufdringliche, besitzergreifende Liebe legt dagegen den Keim für spätere Neurosen und Psychosen; genauso wie Gleichgültigkeit und Lieblosigkeit! Elternliebe will gelernt sein.

In der *Herrschsucht* kostet der Mensch seine Macht, seine Herrschaft, seine Machtvollkommenheit aus. Er will imponieren, andere beherrschen oder ihnen überlegen sein, und dies ist oft gepaart mit Übermut, Hohn und Spott gegenüber den Beherrschten sowie mit schonungsloser Grausamkeit, die vor Folgen und Töten nicht zurückschreckt. Philipp II. von Spanien ist ein abschreckendes Beispiel dafür, aus der neueren Geschichte Adolf Hitler. Die Geschichte ist in dieser Perspektive eine Kette von Kämpfen zwischen Herrschenden und Beherrschten. In welch tragische Konflikte die Machthaber selbst geraten, zeigen uns einige Dramen Friedrich Schillers: In der «Verschwörung des Fiesco zu Genua» sind es die vom

Geschlecht der Nobili, die gegen die tyrannische Herrschaft des Dogen Andrea Doria zuerst aufbegehren und dann, wie Fiesco, selbst zu Tyrannen werden. Es scheint eine Gesetzmäßigkeit zu sein, daß diejenigen, die die Herrschenden stürzen – sind sie erst selbst an der Macht –, ihrerseits zu tyrannischen Herrschern werden.

Daß auch Frauen, genauso wie Männer, Herrschaft anstreben können, sehen wir in der Auseinandersetzung zwischen Königin Elisabeth I. und Maria Stuart. Der schneidende Hochmut und Hohn Elisabeths gegenüber Maria Stuart steht deren Triumph über Elisabeth in nichts nach. Hat jene auch nicht die politische Macht, so hat sie doch den moralischen Triumph über die verhaßte Rivalin. Geht es auch zwischen den beiden Herrscherinnen überwiegend um Rivalität, so ist doch die Begierde zu herrschen bei beiden Gestalten die vorherrschende Eigenschaft. Das Leidenschaftliche am Herrschen sehen wir besonders bei Maria Stuart; auch an ihrer größeren erotischen Ausstrahlung, die zur Liebe Mortimers korrespondiert.

Worauf nun die Leidenschaft des Herrschens zurückzuführen ist, aus welchen Quellen sie stammt, wissen wir nicht sicher. Nach Alfred Adler stammt Machtstreben aus Überkompensation von Minderwertigkeitsgefühlen. Dies leuchtet unmittelbar ein. Aber woraus bezieht nun der Drang zum Herrschen seine Energie? Hier kommen wir wieder auf die Triebe zurück, unabhängig davon, ob wir wie Sigmund Freud von einer «dualistischen» Triebtheorie mit Sexualität und Aggressionstrieb ausgehen oder von einer «monistischen», in der alle Motivation auf Umwandlungen des Sexualtriebes zurückzuführen ist, oder ob wir eine «pluralistische» Triebtheorie für zutreffender halten, nach der es eine Vielzahl von Trieben gibt, angefangen vom Hunger über den Machttrieb und den Herdentrieb bis zum Sammeltrieb.

Ich halte die Sucht nach Macht und Einfluß für ein sehr komplexes, konflikthaftes Geschehen, das durch folgende Kennzeichen charakterisiert ist: 1. Es ist leidenschaftlich, weil es von starken Gefühlen getragen wird; ein Geschehen, das den ganzen Menschen erfaßt. 2. Es ist Ausdruck einer Suche nach Beziehung, wobei freilich die Art der Beziehung einseitig durch Herrschen bzw. Beherrschtwerden gekennzeichnet ist. Die Herrschsucht, die nur sich selbst sieht, ist eine Extremvariante, eine pathologische Suchtform, die eben deswegen im Sinne einer narzißtischen Störung keine *Beziehung zum Objekt sucht, sondern nur sich selbst.*

Dabei versucht jeder, groß zu sein, weil er als Kind leidvoll genug das Gegenteil erlebte. Deshalb füllt die sogenannte «Groß/klein-Problematik» viele Stunden in der psychoanalytischen Therapie aus. Aus dem gleichen Grund ist es uns im Alltag so wichtig, unseren Einfluß geltend zu machen: in Diskussionen, in politischen Auseinandersetzungen, in Kunst und Wissenschaft. Denn hier treffen wir überall Verhältnisse an, die sich als *Machtbeziehungen* beschreiben lassen, als Relation zwischen Herr und Knecht, zwischen Befehlenden und Gehorchenden. Fast jede zwischenmenschliche Beziehung ist insofern ungleich, als immer einer mächtiger ist als der andere. Der Fachmann hat gegenüber dem Laien immer etwas voraus, was ihn mächtiger macht; der Lehrer dem Schüler, Vater und Mutter dem Kind.

Leicht kann aber die Fachautorität – Studenten wittern das durch die ihnen eigene Sensibilität sofort – ihre Macht mißbrauchen. Dies geschieht oft ganz unauffällig, durch unbewußtes oder auch ganz bewußtes Zurückhalten von Kenntnissen, durch Einschüchterung, durch Drohung oder durch Strafe. Deswegen ist die Kontrolle der Macht so wichtig. Deshalb ist das Zügeln ungezügelter und das Steuern ungesteuerter Machtbedürfnisse eine Überlebensfrage für uns alle.

Bei der *Ehrsucht* oder *Ruhmsucht* steht das Selbst im Zentrum: Man will *selbst* viel Ehre und Ruhm haben und bewundert im Mittelpunkt stehen. Ehrsucht und Ruhmsucht sind also nur Varianten der Selbstsucht. *Ehrgeiz* meint im Grunde dasselbe. Etymologisch leitet sich Geiz von Gier ab. Gier können wir, darauf komme ich im nächsten und letzten Kapitel noch eigens zu sprechen, als gemeinsamen Nenner aller Leidenschaften bezeichnen. Denn es handelt sich bei Ehrsucht, Ruhmsucht und Ehrgeiz jeweils um eine Begierde, um ein Begehren, ein begieriges Suchen nach allem, was die eigene Person erhöht, erweitert, ihr Ansehen, ihre Wertschätzung steigert, was sie in strahlendem Glanz erscheinen läßt. Das Trachten nach Ruhm und Ehre erregt die Sinne und bemächtigt sich des Menschen. Von Ehrgeiz besessen, sucht er nichts anderes als Anerkennung. In übersteigertem Eifer verfolgt er sein berufliches Ziel, ist auf Entdeckung aus, will beachtet werden um jeden Preis. Herostrat hat aus diesem unbändigen Drang heraus den Tempel der Artemis in Ephesos in Brand gesteckt, er wollte so in die Geschichte eingehen.

Sigmund Freud sieht hier Zusammenhänge zwischen der Funktion des Urinierens, dem Feuer und dem Löschen von Feuer, die bei oberflächlicher Betrachtung Verwunderung hervorrufen mögen: er führt Ehrgeiz auf eine «starke urethral-erotische Anlage» zurück (G. W., Bd. V, S. 141, Fußnote). Dies mag befremdend erscheinen. Betrachten wir aber die Sprache, dann weist in der Tat das Brennende im Ehrgeiz auf Feuer hin, ein Feuer, das brennt und glüht und seine Energie letztlich aus Triebenergie bezieht. Natürlich will der kleine Knabe dem anderen zeigen, in welch hohem Bogen er es kann. Das, was der Knabe aber so exhibitionistisch demonstriert, das sucht der Mann in sublimierter Weise mit seinem Lebensziel zu erreichen. Er will dessen Verwirklichung so nahe kommen wie nur möglich. Dasselbe gilt für Mädchen und Frau, nur stehen hier Urinieren und Ehrgeiz, mehr gesellschaftlich vermittelt als biologisch vorgegeben, in engem Zusammenhang mit Beschämung und Minderwertigkeitsgefühlen.

Kontrastiert unsere Phantasie von Ruhm und Größe zu extrem zur eigenen Wirklichkeit, dann ist beschämende Enttäuschung über uns selbst die Folge – wenn dieses Gefühl nicht überhaupt abgewehrt bleibt und gar nicht fühlbar wird. Was ich als «gesunden» Ehrgeiz bezeichne, ist eine den Menschen zur Tat antreibende optimale Spannung, die nicht zu hoch, aber auch nicht zu niedrig sein darf, eine Spannung zwischen dem Ideal, das wir von uns selbst haben, und dem, was wir davon bisher realisieren konnten. Um dieses Ziel der Realisierung unserer Ideale zu erreichen, kann ein gehöriger Schuß Leidenschaftlichkeit nicht schaden.

Um *Zerrformen* von Ehrgeiz oder um «krankhaften» Ehrgeiz dagegen handelt es sich, wenn wir ihm alles opfern, sogar die Liebe zu unserem Partner, zu Kindern und Freunden. Giovanni Varga schildert in der Gestalt des «Maestro Don Gesualdo» einen Bauarbeiter, der, besessen von Ehrgeiz, nach nichts anderem strebt als vorwärtszukommen, höherzusteigen auf der sozialen Stufenleiter, um zuletzt im «goldenen Käfig» seines Palastes erkennen zu müssen, daß es noch andere Werte gibt als Ruhm und Ehre. Diese Zerrformen menschlichen Lebens zeigen aber ein *Grundprinzip* unseres Daseins: *die Suche nach Anerkennung*. Finden wir diese Anerkennung, dann haben wir ein gesundes Selbstwertgefühl. Das heißt: Wenn andere uns schätzen, können wir uns auch schätzen.

Diese fundamentale Anerkennung müssen wir in einer sicheren, wohltuenden Vorerfahrung als kleines Kind einmal erlebt haben: als Grund-Anerkennung unseres *Da-Seins* als Mensch und in unserem *So-Sein*, das heißt: in jeder Entwicklungsphase wieder neu: 1. in der «oral-sensorischen» Phase als hungernder, gierig Nahrung und Liebe aufsaugender und Zärtlichkeit genießender «Schreihals»; 2. in der «anal-motorischen» Phase als unruhig die Muskeln erprobender, die Welt erobernder und mit dem Hergeben und Behalten des Stuhlgangs trotzig Macht ausübender «Dickkopf»; 3. als «stolzer Knabe» in der sogenannten «urethralen» Phase, die wir auch urethral-ehrgeizige Phase nennen können, wenn ich hier diejenige Stufe meine, in der das Kind nicht nur passiv Wasser lassen, sondern auch aktiv im Strahl Pfützen machen, Überschwemmungen auslösen und Feuer löschen kann, zumindest in der Phantasie; schließlich 4. in der «genitalen» Phase in seiner geschlechtlichen Identität, das heißt «phallisch» als Knabe oder «clitoridal-vaginal» als Mädchen. Mädchen wie Junge brauchen Anerkennung und Bestätigung, um sich vollwertig und vollkommen zu fühlen statt unvollkommen, das hieße: ohne Penis das Mädchen oder mit vermeintlich kleinem Glied der Junge.

Immer erwartet das Kind, daß es angenommen wird in seiner jeweiligen Art, in seinem gerade vorherrschenden Interesse und in seinem «Sein und Haben». Hat das Kind die anerkennende, bestätigende Zuwendung seitens seiner Bezugsperson erfahren, dann geht es dem Erwachsenen so gut wie Johann Wolfgang von Goethe, der sagte: «Vom Vater hab ich die Statur..., vom Mütterlein die Frohnatur...» Dann können wir auch mit Sigmund Freud folgern: «Wenn man der unbestrittene Liebling der Mutter gewesen ist, so behält man fürs Leben jenes Eroberergefühl, jene Zuversicht des Erfolges, welche nicht selten wirklich den Erfolg nach sich zieht.»

«Zuversicht» und «Zuwendung» hängen eng miteinander zusammen; jene hängt von dieser ab. Mangelt es uns an Zuwendung, dann fehlt auch die *Zuversicht*, dann sind Selbstunsicherheit mit dem beschämenden Gefühl der Minderwertigkeit und mangelndes Selbstvertrauen die Folge; eine brüchige Basis, die nach Paul Ricœur Ursache für die «Zerbrechlichkeit» des Menschen, als dessen Grundbefindlichkeit, ist.

Kein Menschenleben kann ohne *Zuwendung* auskommen. Versorgung ist unvermeidlich. Es liegt an uns selbst, unsere lieblose Leistungsgesellschaft etwas liebevoller zu gestalten. Sie muß nicht «vaterlos», nicht «mutterlos» sein. Väter und Mütter gibt es genug. Es mangelt vielmehr, auch wenn es pathetisch klingt, an Mutterliebe und Vaterliebe, oder anders ausgedrückt: Wir alle brauchen mehr Mütterlichkeit, mehr Väterlichkeit, auch mehr Brüderlichkeit, selbstverständlich auch «Schwesterlichkeit», kurz: mehr Menschlichkeit.

«Zerbrechlichkeit» muß nicht «Grundbefindlichkeit» des Menschen sein. Was Paul Ricœur als allgemein menschliche Zerbrechlichkeit bezeichnet, ist meines Erachtens eine *nicht* bei *allen* vorkommende, also keine allgemeine, sondern eine *besondere* Störung. Gelänge es uns nämlich, durch mehr Liebe die Grundbedürfnisse unserer Kinder besser befriedigen zu können, dann gäbe es weniger Zerbrechlichkeit bei den Menschen. Dann hätten wir auch nicht in dieser großen Häufigkeit mit seelischen Störungen zu tun, wie wir sie heute aus der psychoanalytischen Praxis als «narzißtische Persönlichkeitsstörungen», als «Grundstörungen» oder gar als «Grenzfälle», das heißt als Fälle an der Grenze zwischen Neurose und Psychose kennen.

In dieser Perspektive wäre «Zerbrechlichkeit» als fundamentale «Ich-Störung» grundsätzlich *vermeidbar*. Damit wäre auch die Basis vieler schwerer seelischer Störungen, die Grundlage von Konfliktschicksalen, die von Delinquenz über psychosomatische Krankheit bis zu Psychose reichen, *abwendbar*. Dies führt konsequent zu der Schlußfolgerung: Hätten wir weniger Schwierigkeiten zu *lieben*, dann könnten wir solche tragischen Entwicklungen zwar nicht gänzlich vermeiden, wir könnten sie aber durchaus in Grenzen halten.

Gier, Neugier und
Begeisterung

FAUSTISCHES STREBEN

Gier ist die Basis, der gemeinsame Nenner aller Leidenschaften. Ob wir sexuelle Lust begehren, ob wir wünschen, vom Geliebten geliebt zu werden, oder ob wir uns danach sehnen, ihn zu lieben – Begehren, Geliebt-werden-Wollen und Lieben: immer ist damit eine mehr oder weniger starke Gier verbunden. Ob wir unserem Feind voller Haß heimzahlen wollen, was er uns angetan hat, ob es uns nach gutem Essen und Trinken gelüstet, ob wir nach Reichtum, Macht und Ansehen strebten: immer ist die unterschwellige, treibende Kraft Gier, Lebensgier.

Was heißt das? Der Mensch begehrt etwas. Er braucht etwas. Er muß etwas in sich *hinein bekommen*, um ausgefüllt zu sein. Er wäre sonst leer. Von der Nahrungsaufnahme hängt unsere körperliche Existenz ab, ohne Nahrungszufuhr würden wir umkommen. Deswegen ist Hunger neben Durst der stärkste Trieb und Hungerstreik das äußerste Mittel, um Aufmerksamkeit auf sich zu ziehen.

Der Säugling kann sich nicht selbst ernähren, er ist abhängig von Zufuhr in doppelter Weise: leiblich von Nahrung und seelisch von Zuwendung. Nicht von ungefähr nennt die Sprache das Baby «Säugling», das heißt: das zu säugende Kind. So wie es Nahrung aufnimmt, verdaut und daraus leibliche Substanz aufbaut, so nimmt es seelisch aus der Zuwendung «Nahrung» auf, «verdaut» sie und schafft daraus seelische «Substanz», die sich, ganz analog den körperlichen Vorgängen, zu psychischen «Strukturen» ausformt. Bei Unterbrechung der Zufuhr kann sich das Kind nur eine gewisse Zeit am Leben halten. Wenn Magen und Darm entleert sind, bedarf es neuer Zufuhr. Bekommt das Baby Hunger, dann regt es sich. Wird der Hunger stärker, dann schreit es, bis die Mutter Nahrung spendet. Im Aufnehmen des Gegebenen wird die Gier gestillt, der Hunger ist befriedigt, die Leere ist ausgefüllt und Ruhe kehrt ein.

Später, als Erwachsene, sind wir, was das Essen betrifft, in gewisser Weise unabhängig von anderen Menschen. Wir können uns selbst, wenn wir es uns finanziell leisten können, das beste Essen gestatten. Die Zutaten dazu bekommen wir in Hülle und Fülle. Wir können das Essen kultivieren zum lukullischen Genuß, dionysische Feste feiern und Bacchus huldigen.

Daß die Menschen zu jeder Zeit der Lust des Essens zu frönen wußten, sehen wir zum Beispiel am «Gastmahl des Trimalchio», einer Satire von Gaius Petronius Arbiter auf die Leidenschaft des Essens und Trinkens. Charakteristisch für dieses Gastmahl ist, daß Essen und Trinken auch die Liebe einschließen, auch den Eros in allen seinen Formen, hetero- wie homosexuellen. Da «schwimmen die Menschen in Glückseligkeit... Flammenglut durchflutet ihre Glieder», und sie genießen «geheime Lust in nie geschautem Glanz».

Gezielter und um einiges derber geht es in Bert Brechts Bühnenstück «Baal» zu: Hier ist es grobsinnliche Fleischeslust, die zwei Männer von Schenke zu Schenke ziehen läßt, gleichsam «über den Fluß und in die Wälder». Sie «vernaschen» Frauen wie Leckerbissen. «Veni, vidi, vici», das heißt: «Ich kam, ich sah, ich siegte» ist die Devise. Eine unersättliche Gier, die alle ergreift, durchzieht das Stück. Bert Brecht zeigt dabei nicht nur, wie besessen von Gier Menschen sein können, er deckt in seiner engagierten Gesellschaftskritik auch die sozialen Gründe ihres Verhaltens auf: Es sind Menschen, die sowohl materiell als auch ideell «nichts» haben, die als Kinder «leer» ausgingen: «asozial in asozialer Gesellschaft».

In pathologischem Extrem begegnet uns die Gier in der *Sucht*, in der krankhaften Abhängigkeit von der Droge. Die Droge muß für die Fortsetzung des Lebens garantieren, ohne sie wäre es unerträglich. Immer ist es etwas, was aufgenommen werden muß, ohne das der Betroffene nicht sein kann: Essen, die Droge, eine Frau, ihre Brust, oder ein Mann, sein Glied.

Sucht und Perversion zeigen uns in pathologischer Vergröße-rung unsere Abhängigkeit von anderen. Hier berührt sich Gier als Leidenschaft mit Neid als Leidenschaft und seinen Schicksalen. Was wir beneiden, möchten wir auch gierig ha-ben. Was wir begehren, beneiden wir. Es sind zwei Seiten einer Medaille. Die Ambivalenz zwischen Haben und Nicht-haben-Wollen, die Gier und die Abwehr der Gier zeigen sich, was die Nahrungsaufnahme angeht, am deutlichsten in den häufigen psychosomatischen Erkrankungen der Fett- und Magersucht: Der Fettsüchtige stopft leidenschaftlich alles in sich hinein, er ißt gierig, schlingt alles hinunter, als ob er am Verhungern wäre, während der Magersüchtige die Nahrung verschmäht und am liebsten von der Luft leben würde. Er kann nicht abhängig sein, fürchtet, durch Nahrungsaufnahme geschädigt zu werden, und zehrt daher von der eigenen Sub-stanz. Der Magersüchtige ist der gierlose Mensch. Analysie-ren wir den Magersüchtigen, dann zeigt sich, daß hinter der Abwehr der Gier nur eine um so heftigere Gier verborgen ist. Es kommt zu regelrechten Triebdurchbrüchen, in denen heimlich das getan wird, was nach außen verleugnet wird. Hier sind frühe Beziehungsstörungen, meist zwischen Mutter und Kind, die Ursache. Es ist eine Störung im Geben und Nehmen. Sie ist, weil früh geübt und zur Gewohnheit gewor-den, schwer zu beheben. Sie bedarf einer längeren Verhal-tenstherapie, damit das Symptom behoben wird, oder einer langfristigen Psychoanalyse, um auch in der seelischen Grundstörung geheilt zu werden.

Neugier ist, wie der Name sagt, Gier auf Neues. Ein neugieriger Mensch ist nach allgemeinem Sprachgebrauch ein Mensch, der seine Nase in die Angelegenheiten anderer steckt, der neugierig horcht, was die Nachbarn reden, der geplagt ist von einem inneren Drang, stets Neues zu erfahren, der vor Neugier darauf brennt, Neues zu erleben.

Die Verwandtschaft mit Gier ist klar: Gemeinsam ist das Unersättliche des Begehrens, das Maßlose, das sucht und befriedigt sein will, um die innere Leere zu füllen. Neu an der Neugier ist gegenüber der Gier, daß es immer etwas Neues sein muß, was begehrt wird. Es geht um neue, bisher nie erlebte Reize, die die Neugier wecken, erregen, anstacheln. Das Altgewohnte, Vertraute befriedigt nicht mehr, wird schal. Daher reizt das Neue.

Hier sehen wir die *Objektbezogenheit* dieses leidenschaftlichen Gefühls besonders deutlich. Wir können nicht alles lassen, wie es ist, wir müssen, getrieben von einem inneren Drang, nach Neuem suchen, um nicht unbefriedigt zu bleiben. Die Neugier wird wie alle menschlichen Leidenschaften von Trieben gespeist. Mag Neugier auch nicht wie Essen und Trinken ein rein biologisches Bedürfnis sein, ein Trieb wie der Geschlechtstrieb, der in periodischer Regelmäßigkeit Befriedigung sucht, so bekommt Neugier doch wie Gier von triebhaftem Begehren ihre Energie. Auch im Drang nach Wissen, im «Explorationsverhalten», im «Forscherdrang» drückt sich ein biologisch gesteuertes Begehren aus. Die Sprache sagt es im Ausdruck: Wißbegierde, Wissensdurst und Hunger nach geistiger Nahrung.

Es ist lustvoll, etwas Neues zu entdecken. Schon der Weg dahin ist Vorlust, Schaffensfreude, Funktionslust. Der Moment der Entdeckung ist dem Orgasmus vergleichbar. Insofern ist Neugier eine *positive* Leidenschaft, die nicht wie Neid und Eifersucht «mit Eifer sucht, was Leiden schafft», sondern eine Leidenschaft, die mit Eifer sucht, was Freude macht. Neugier ist produktiv, kreativ: Die erste Begegnung mit einem Menschen, der uns sympathisch ist, mit dem wir uns verstehen, beflügelt unser Denken. Gefühle werden in uns angerührt, die bisher womöglich noch nie gefühlt worden waren oder die seit langem im Verborgenen ruhten. Vergleichen wir unsere Gefühlsskala mit den Saiten eines Musikinstrumentes, dann werden in uns Saiten angerührt, die bisher nie in Schwingung kamen. Neue musische Erlebnisweisen eröffnen sich, eine geistige Entdeckung führt zu neuen Einsichten.

Diese Einsichten befriedigten nicht, wären sie nicht leidenschaftlich, schlössen sie die Dimension des Gefühls nicht mit ein. Derartige neue Erfahrungen bereichern uns, sie «mehren». Das heißt: Es kommt etwas hinzu. Damit sorgen sie dafür, daß wir uns weiterentwickeln und verändern. In der Selbsterfahrung durch das Neue gebe ich mich – passiv – dem Unbekannten hin und suche es gleichzeitig – aktiv –, bemächtige mich seiner, erobere es. Was früher fremd und unvertraut war, wird durch diesen aktiv/passiven Aneignungsvorgang vertraut. Antoine de Saint-Exupéry fand dafür die schönsten Worte in dem Dialog zwischen dem kleinen Prinzen und dem Fuchs: «Wenn du mich zähmst, werden wir einander brauchen. Du wirst für mich einzig in der Welt sein. Ich werde für dich einzig in der Welt... Man kennt nur die Dinge, die man zähmt. Die Menschen haben keine Zeit mehr, etwas (wirklich) kennenzulernen... Du mußt sehr geduldig sein. Die Sprache ist die Quelle der Mißverständnisse. Man sieht nur mit dem Herzen gut. Das Wesentliche ist für die Augen unsichtbar.» Und: «Du bist zeitlebens für das verantwortlich, was du dir vertraut gemacht hast.» Freilich bedarf es des äußeren Reizes, um gierig nach Neuem zu sein. Verbotene Reize erregen dabei die Neugier am stärksten. Aber ohne den in uns wohnenden Drang, das ewige faustische Streben, fehlte der Neugier die «vis à tergo», die sie antreibende Kraft, ihre «Triebfeder».

Neugier kann durch Erziehungseinflüsse früh unterdrückt werden. Dies geschieht nicht selten, weil Neugier im Zusammenhang mit der Entwicklung von Denken und Sprache vorzugsweise *sexuelle* Neugier ist: Das Kind will wissen, woher die Kinder kommen und welche Rolle die Mutter und – später – der Vater dabei spielen. Es forscht leidenschaftlich danach und kann nicht eher ruhen, bis es eine Lösung gefunden hat. Diese Lösung wird in eigenen Phantasien selbst geschaffen: Mal zaghaft, mal kühn bildet das Kind sich selbst Hypothesen über die Entstehung der Menschen, etwa aus Luft und Wasser, über die Geburt aus dem Nabel und über Zeugung aus Samentierchen und Eikugeln, die durch unsichtbare Kanäle zusammengeführt werden. Es entwickelt ganze Sexualtheorien über Zeugung und Geburt, Sinnbilder kindlicher Phantasie. Diese Phantasien sind echte *kreative* Gebilde, die das Kind unabhängig machen von anderen, die seine innere Welt ausfüllen: mit Menschen, mit Gefühlen, mit Leben. Um fruchtbar zu werden, bedürfen sie der anderen. Jede Frage nach neuen Erkenntnissen sucht ihre Antwort. Sie fordert sie geradezu heraus. Die Antwort führt dann weiter zu neuen Fragen. Werden die Antworten dem Kind vorenthalten oder begegnen wir seinen Fragen mit Abweisung in Reden: «Ja, schämst du dich denn nicht? Pfui, wie kannst du nur so etwas fragen? Dafür bist du doch noch viel zu klein!», dann reagiert das Kind gekränkt und stellt das Fragen ein. Die Folgen sind verheerend: Ein Mensch, für den Fragen mit unangenehmen Strafen, peinlichen Erlebnissen, Scham, Ekel und Schuldgefühl gekoppelt sind, weicht Fragen aus. Er bildet dann zusammen mit Peinlichkeit und Angst vor Strafe einen neurotischen Komplex aus «Hemmung, Angst und Symptom». Ein Mensch, der nicht mehr fragt, bleibt in seiner Entwicklung zurück. Dies kann so weit gehen, daß sich ein intelligentes Kind dumm, uninteressiert, langweilig und unbedarft verhält.

Vielfache psychoanalytische Praxis beweist, welche Nachentwicklung möglich ist, wenn die oft früh gesetzten, während des natürlichen Interesses für Sexualität erworbenen Ängste und Hemmungen beseitigt werden. Deshalb gilt der Satz: Ohne befreite Sexualität keine Neugier. Zuerst muß Sexualität als Trieb entbunden sein, damit Neugier entsteht: aus Schaulust, um das Neue erst einmal anzusehen, mit dem Auge zu entdecken; aus «phallischer» Lust, um in einen Gegenstand einzudringen; aus unbändigem Drang, sich einer Sache zu bemächtigen, sie sich anzueignen, sie aufzunehmen. Dies heißt, psychoanalytisch gesprochen: Neugier erfährt besonders aus zwei psychosexuellen Entwicklungsphasen der Sexualität nachhaltige Einwirkungen, wird aus ihnen effektiv geformt. In der oralen Phase ist es der Modus des Aufnehmens, in der phallischen der des Eindringens, und zwar bei beiden Geschlechtern. Auch für die Frau ist es wichtig, daß sie, neben dem Aufnehmen einer Sache (des Gliedes, des Samens im sexuellen Akt, eines sie interessierenden Gegenstandes im Beruf), wie der Mann auch in ein Thema eindringt, es exploriert, es erforscht.

Neugier entwickelt sich am stärksten in der Zeit der Latenz, wenn das spezielle sexuelle Interesse ruht. Mit derselben Erregung, mit der das Kind die Welt der Sexualität erforscht, erforscht jetzt der Jugendliche die Welt der Wirklichkeit. Begeistert verschlingt er Bücher, sucht Abenteuer, dringt in Höhlen, gräbt nach Schätzen und erprobt sich selbst in immer neuen Erfahrungen. Neugier ist auch der Motor geistigen Interesses. Es ist ein begeistertes Suchen, voll triebhafter Spannung, voll Tatendrang, das sich gerade an der Versagung der Umwelt, die erobert und bezwungen sein will, immer wieder neu entzündet. Insofern schafft leidenschaftlich begeistertes Suchen gerade aus Versagung immer wieder neu das Neue.

Hoffnung auf eine
neue Leidenschaftlichkeit

SCHLUSSPLÄDOYER

Eine auf Berechnung und Berechenbarkeit reduzierte «verdinglichte» Welt hat, trotz aller Erfolge neuzeitlich-rationalistischen Denkens in Wissenschaft und Technik, ihren Preis: enteignetes Bewußtsein, Beziehungslosigkeit, Gefühllosigkeit, Leidenschaftslosigkeit, Verlust an Sinnlichkeit. Der hohe Preis einer rationell organisierten Arbeitswelt, geregelter Erziehungsprogramme, gefühlloser Kinderpflege in Familien ohne Zusammenhalt ist ein hoher Prozentsatz physischer Störungen einschließlich psychotischer Zusammenbrüche, die bestenfalls, im unlösbaren Dilemma zwischen Selbstmord oder Mord, aus schierer Verzweiflung und unter «Kompromißbildung» in psychosomatische Krankheiten münden.

Rationalistische Technokraten machen die Rechnung ohne den Wirt. Auch dogmatische oder spontane Weltverbesserer mit dem Ruf «Seid realistisch, verlangt das Unmögliche» lassen in ihren Utopien eine Größe aus: die biologisch vorgegebene Natur des Menschen, seine Triebhaftigkeit, seine naturgegebene Leidenschaftlichkeit. Diese Kraft läßt sich nicht ohne Schaden in ein Schema pressen, das die Menschen wie Nummern behandelt, damit sich auf deren Kosten wirtschaftliche oder politische Ziele verwirklichen lassen. «Was hülfe es dem Menschen, so er die ganze Welt gewönne und nähme doch Schaden an seiner Seele?» (Matthäus 16,26).

Es ist daher im Interesse unseres Überlebens unbedingt nötig, die leidenschaftlichen Kräfte in uns zu kennen, um sie richtig einschätzen zu können, um sie steuern zu lernen.

Dazu gehören zuallererst die positiven Leidenschaften der Aggression: Ein gesunder Haß, ein gerechter Zorn, befreiende Rache oder ein ehrlicher Wutausbruch sind besser als jahrelang unterdrückter Ärger, Groll oder Ressentiment, die uns nur Kopfschmerzen bereiten, bestenfalls sich auf den Magen schlagen und zu Magengeschwüren führen, uns die Luft wegnehmen in asthmatischer Atemnot oder den Blutdruck in die Höhe treiben. Wir sind damit in Kampfbereitschaft versetzt. Es kommt aber zu keiner Handlung.

Zu den menschlichen Leidenschaften gehören auch Neid und Eifersucht, die wir uns als aufgeklärte Mitteleuropäer des 20. Jahrhunderts selten eingestehen und die wir aus gekränktem Stolz und aus verletzter Eitelkeit lieber unterdrücken. Ehrlicher wäre es, ruhig zuzugeben, daß wir neidisch sind, wenn der andere mehr hat, daß wir eifersüchtige Gefühle hegen, wenn wir in der Liebe den kürzeren ziehen. Anstatt uns dann in uns selbst zurückzuziehen, sollten wir im ersten Ansatz der Gefühlsregungen Neid oder Eifersucht mit einem Menschen unseres Vertrauens reden, ihm unser Herz ausschütten, ehe sich diese Regungen zu *negativen* zerstörerischen Leidenschaften wie Terrorismus auswachsen und sich, physiologischer Eigengesetzlichkeit folgend, dem helfenden Zugriff entziehen.

Um Haß und Wut, Rache und Zorn, Neid und Eifersucht abzuhelfen, müssen wir den Anfängen wehren. Nicht «Mensch ärgere dich nicht» ist dann die Devise, sondern: «Mensch ärgere dich nur!». Ärger ist gesund. Allerdings müssen wir erst noch lernen, richtig mit Haß, Wut, Neid und Eifersucht umzugehen. Aggressivitätstraining, etwa Schattenboxen und aggressive Spiele nach dem Motto «Streiten verbindet», wie sie in gruppendynamischen Veranstaltungen durchgeführt werden, kann uns dabei helfen. Das Herausschreien der Wut in der Primärtherapie ist darüber hinaus denkbar geeignet, Menschen, die zu Charakterpanzern oder «Zivilisationsmarionetten» erstarrt sind, wieder zu öffnen und damit der psychoanalytischen Aufarbeitung der in der Kindheit wurzelnden Ursachen im Hier und Jetzt der analytischen Situation zuzuführen.

Was wir am ehesten mit Leidenschaft verbinden, ist alles, was mit Liebe, Erotik und Sexualität zu tun hat. Wir lernten diese Gefühle als positive, bejahende Leidenschaften kennen, die freilich auch, schon im zartesten Kindesalter geprägt, durch leidvolle Erfahrungen zu «Unordnung und frühem Leid» führen, zu tragischen Verstrickungen mit Liebesleid, oft gefolgt von aus Enttäuschung an den anderen entstandenen negativen zerstörerischen Leidenschaften, die dann aus scheinbar unerklärlichem Wiederholungszwang niederreißen, was Liebe zuvor aufgebaut hatte. Entartet Sexualität zu Machtausübung, zu Besitzanspruch, oder geht es in ihr nur um männlichen oder weiblichen Stolz, dann befreit Sexualität nicht. Wird sie dagegen im wechselseitigen Austausch mit dem anderen zum leidenschaftlichen Dialog und schließt sie natürliche Sinnlichkeit und Körperlichkeit ein, dann kommt es in sich überkreuzender Befruchtung zur «Mehrung», dann bereichert sie unsere Beziehung, unser Leben und strahlt aus in andere Beziehungen, ja selbst in die nüchterne Arbeitswelt.

Die *Verneinung* beengender Moralvorstellungen, ohne Angst vor Kontrollverlust, zusammen mit der *Bejahung* lustvoller Sinnlichkeit in gesteuerter Emotionalität sind dazu die Voraussetzungen. Dabei muß auch das latent unsere Beziehungen beeinträchtigende «Berührungstabu» erkannt, in Frage gestellt und gezielt überwunden werden. Konzentrative Bewegungstherapie, Bio-feedback und die schlichte, ärztlicherseits oft gering geschätzte Massage des Körpers mit sanftem Streicheln der Haut führen dabei zu überraschender Entspannung. Berührung allein aber genügt nicht. Im vertrauten Gespräch müssen wir die Angst vor Berührung in uns erspüren, sie auf ihre Ursachen zurückführen: eine falsch verstandene Körperfeindlichkeit, ein enttäuschendes Erlebnis in der Liebe oder etwa eine schmerzliche Krankheit. Dann lernen wir langsam verstehen, daß Wünsche nach Berührung, nach Zärtlichkeit durchaus natürlich sind, und wir können sie nach und nach in uns selbst akzeptieren und ihre Befriedigung zulassen. Über den Körper finden wir dann wieder Zugang zu verdrängten, abgespaltenen, in Muskelverspannungen ruhenden Kräften, die sich in dem Maße lösen, wie wir die darin steckenden Gefühle und Leidenschaften in uns zulassen.

Dies ist ein Plädoyer für eine neue Leidenschaftlichkeit, die uns heute in Verkennung ihrer Funktion für die Gesundheit des Menschen vielfach *noch* fehlt. Liebe und Haß, Erotik und Rache, Eifersucht und Neid könnten aber nicht als Emotion zum Ausdruck kommen, wenn nicht die leidenschaftliche Hoffnung wäre als ein eigenständiger «Erwartungseffekt» (Ernst Bloch, Das Prinzip Hoffnung, Bd. I, S. 83 ff), daß das, wozu wir innerlich vielleicht «noch nicht» bereit sind, was uns noch neu ist, worauf wir aber neu-gierig sind, fühlbar und erlebbar wird. Schon der Wunsch nach mehr Leidenschaftlichkeit und der Glaube an das unentdeckte Potential in uns unterstützen uns auf dem Weg zu einer neuen Leidenschaftlichkeit.

Dies ist keine «Flucht in die Idylle», kein Rückzug in ausschließliche Innerlichkeit, keine «Stabilisierung nach rückwärts» (Arnold Gehlen) als falsche Reaktion auf die Gewalt in unserer Gesellschaft, wie das von soziologischer Seite (C. Graf von Krockow, Die Zeit v. 30. 9. 1977) hingestellt wurde. Es handelt sich vielmehr um eine «Regression im Dienste des Ich», eine sehr treffende Bezeichnung, die Ernst Kris 1952 in seinen «Psychoanalytischen Erforschungen der Kunst» erstmals gebrauchte. Dabei handelt es sich gewissermaßen um eine progressive Regression, einen fortschrittlichen Rückzug in sich selbst auf der Suche nach neuer Selbstbesinnung.

Dies aber heißt unmißverständlich: Ohne eine zumindest vorübergehende Ausklammerung rationaler Außenorientierung und ohne Betroffenheit angesichts des eigenen leblosen und lieblosen Lebens kämen wir nicht zu jener neuen Leidenschaftlichkeit, von der hier die Rede ist. Neue Leidenschaft-lichkeit ist aber die Voraussetzung, um mit feuriger Begeisterung an unsere Arbeit gehen zu können, um unsere Aufgaben zu meistern. Dies aber sollte nicht «sine ira et studio» geschehen, also «ohne Zorn und Eifer», sondern im Gegenteil «cum ira et studio», also durchaus «mit Zorn und Eifer», mit Engagement und Enthusiasmus; gerade im Interesse einer besseren Bewältigung der vielfältigen, gegenwärtigen und zukünftigen Aufgaben in Bildung und Gesundheitswesen, in Wissenschaft und Politik.

LITERATURVERZEICHNIS

Aristoteles: Nikomachische Ethik. Deutsche Aristoteles Gesamtausgabe, Bd.6, übersetzt und kommentiert von F. Dirlmeier. Darmstadt (Wissenschaftliche Buchgesellschaft) 1974[6]

E. Bloch: Das Prinzip Hoffnung, Bd.I. Frankfurt (Suhrkamp) 1959

E. Bontë: Wuthering Heights. Dt.: Die Sturmhöhe. Frankfurt/Main (Insel) 1975

R. Descartes: Über die Leidenschaften der Seele. Leipzig (Meiner) 1911

O. Ewert: Gefühle und Stimmungen. In: Handbuch der Psychologie, Bd.II. Motivation, hg. v. H. Thomae. Göttingen (Hogrefe) 1965

J. Foudraine: Wer ist aus Holz? München (Piper) 1971

S. Freud: Gesammelte Werke, Bd. 1–17. London (Imago) 1952

E. Fromm: Die Kunst des Liebens. Berlin (Ullstein) 1956

J. W. Goethe: Die Leiden des jungen Werther. In: Goethe's Werke. Bd. III, Berlin (Deutsche Buch-Gemeinschaft) 1967

G. W. F. Hegel: Grundlinie der Philosophie des Rechts oder Naturrecht und Staatswissenschaft im Grundriß. Frankfurt/Main (Fischer Bücherei) 1968

Helvetius: De l'Esprit. Paris 1758

A. Gehlen: Anthropologische Forschung. Reinbek (Rowohlt) 1961

E. T. A. Hoffmann: Das Fräulein von Scuderi. Berlin (Deutsche Buch-Gesellschaft) o. J.

D. Hume: Trakat über die menschliche Natur. Hamburg (Meiner) 1973

A. Janov: Der Urschrei. Frankfurt/Main (Fischer) 1975

I. Kant: Anthropologie in pragmatischer Hinsicht. In: Kant Werke, Bd. 10. Darmstadt (Wissenschaftliche Buchgesellschaft)

M. Klein: Das Seelenleben des Kleinkindes und andere Beiträge zur Psychoanalyse. Stuttgart (Klett) 1962

H. Klenk: Diätetik der Seele. Die menschlichen Leidenschaften. Leipzig (E. Kummer) 1873

E. Kris: Psychoanalytic Explorations in Art. New York (Basic Books) 1952

F. Krüger: Das Wesen der Gefühle. Entwurf einer systematischen Theorie. Leipzig 1928

D. H. Lawrence: Lady Chatterley. Reinbek (Rowohlt) 1960

Th. Lipps: Das Selbstbewußtsein. Empfindung und Gefühl. Wiesbaden 1901

B. de Mandeville: Die Bienenfabel. Berlin (Beck) 1957

P. Marty & M. de M'Uzan: La Pensée opératoire. Rev. Franç. Psychoanal. 27, 1963

G. F. Meier: Theoretische Lehre von den Gemütsbewegungen überhaupt. Halle 1744. Frankfurt/Main (Athenäum) 1971

G. F. Meier: Krankheiten der Seele (1744) Frankfurt/Main (Athenäum) 1971

A. Mitscherlich: Auf dem Weg zur vaterlosen Gesellschaft. Ideen zur Sozialpsychologie. München (Piper) 1963

– (Hg.): Das beschädigte Leben. München (Piper) 1969

M. Mitscherlich-Nielsen: Müssen wir hassen? Über die Konflikte zwischen innerer und äußerer Realität. München (Piper) 1972

F. Müller-Lyer: Phasen der Liebe. Eine Soziologie des Verhältnisses der Geschlechter. München (Langen) 1913

J. C. Nemiah & P. E. Sifneos: Affect and Fantasy in Patients with Psychosomatic Disorders. In: O. W. Hill (Hg.): Modern Trends in Psychosomatic Medicine. London (Butterworth) 1970

F. Nietzsche: Werke in drei Bänden, hg. von K. Schlechta. München (Hanser) 1966

B. Pascal: Gedanken. Eine Auswahl. Stuttgart (Reclam) 1956

F. Perls: Grundlagen der Gestalt-Therapie. München (Pfeiffer) 1977

A. G. Petronius: Das Gastmahl des Trimalicho. München (C. Hoffmann) 1948

Platon: Philebos und Timaios. In: Sämtliche Werke, Bd. III. Köln und Olten (Hegner)

W. Reich: Die Funktion des Orgasmus. Leipzig/Wien/Zürich (Internationaler Psychoanalytischer Verlag) 1927

P. Ricœur: Die Fehlbarkeit des Menschen. Phänomenologie der Schuld I. Freiburg/München (Alber) 1971

C. R. Rogers: Die Klientenzentrierte Gesprächspsychotherapie. Frankfurt/Main (Fischer) 1983

S. L. Rubinstein: Grundlagen der allgemeinen Psychologie. Berlin (VEB) 1973; insbes. Kap. 13: Die Emotionen

J.-P. Sartre: Entwurf einer Theorie der Emotion. In: Die Transzendenz des Ego. Reinbek (Rowohlt) 1964

J. Schoeck: Der Neid. Eine Theorie der Gesellschaft. Freiburg/München (Alber) 1966

A. Schopenhauer: Die Welt als Wille und Vorstellung. Köln (Atlas) o. J.

H. B. de Stendhal: Über die Liebe. Paris 1826, München (Winkler) 1938

H. B. de Stendhal: Rot und Schwarz. Berlin (Propyläen) o. J.

G. Vico: Grundzüge einer neuen Wissenschaft. Leipzig (W. E. Weber) 1822, ern.: Reinbek (Rowohlt) 1966

J. L. Vives: De Anima et Vita. (Über die Seele und das Leben) 1538

J. Willi: Die Zweierbeziehung. Reinbek (Rowohlt) 1975

F. Alberoni: Erotik. Weibliche Erotik, männliche Erotik – was ist das? München (Piper) 1986

P. Ariès, A. Béjin, M. Foucault u. a.: Die Masken des Begehrens und die Metamorphosen der Sinnlichkeit. Zur Geschichte der Sexualität im Abendland. Frankfurt/Main (S. Fischer) 1982

E. Badinter: Die Mutterliebe. Geschichte eines Gefühls vom 17. Jahrhundert bis heute. München/Zürich (Piper) 1981

W. von Baeyer & W. von Baeyer-Katte: Angst. Frankfurt/Main (Suhrkamp) 1973

G. Bataille: Die Tränen des Eros. München (Matthes & Seitz) 1981

M. S. Bergmann: The Anatomy of Loving. New York (Columbia University Press) 1987

T. Brocher: Von der Schwierigkeit zu lieben. Stuttgart (Kreuz) 1977

D. Casriel: Die Wiederentdeckung des Gefühls. Schreitherapie und Gruppendynamik. München (Goldmann) 1977

M. Dannecker: Das Drama der Sexualität. Frankfurt/Main (Athenäum) 1987

H. A. Euler & H. Mandl (Hg.): Emotionspsychologie. Ein Handbuch in Schlüsselbegriffen. München/Wien/Baltimore (Urban & Schwarzenberg) 1983

M. Gambaroff: Sag mir, wie sehr liebst Du mich. Frauen über Männer. Reinbek (Rowohlt) 1987

U. Heider (Hg): Sadomasochisten, Keusche und Romantiker. Vom Mythos neuer Sinnlichkeit. Reinbek (Rowohlt) 1986

C. E. Izard: Die Emotionen des Menschen. Eine Einführung in die Grundlagen der Emotionspsychologie. Weinheim und Basel (Beltz) 1981

G. Kahle: Logik des Herzens. Soziale Dimension der Gefühle. Frankfurt/Main (Suhrkamp) 1981

S. Kakar & J. Ross: Über die Liebe und Abgründe des Gefühls. München (Beck) 1986

O. F. Kernberg: Mature Love. Prerequisites and Charakteristics. J. Am. Psychoanalytic Association, 22, 4, 743–768; 1974

R. Krause: Zur Onto- und Phylogenese des Affektsystems und der Beziehung zu psychischen Störungen. Psyche, 37, 1016–1043; 1983

P. Lauster: Die Liebe. Psychologie eines Phänomens. Reinbek (Rowohlt) 1982

E. E. Levitt: Die Psychologie der Angst (4. Aufl.). Stuttgart (Kohlhammer) 1979

M. Mitscherlich-Nielsen: Die friedfertige Frau. Frankfurt/Main (S. Fischer) 1985

B. Nitzschke: Sexualität und Männlichkeit. Zwischen Symbiosewunsch und Gewalt. Reinbek (Rowohlt) 1988

R. J. Sternberg & M. L. Barnes (Eds.): The Psychology of Love. New Haven; London (Yale University Press) 1988

R. M. Unger: Leidenschaft. Ein Essay über Persönlichkeit. Frankfurt/Main (S. Fischer) 1986

H. G. Wiedemann: Homosexuelle Liebe. Stuttgart (Kreuz) 1982

C. Wulf (Hg.): Lust und Liebe. Wandlungen der Sexualität. München (Piper) 1985

D. Wyss: Lieben als Lernprozeß. Göttingen (Vandenhoek & Ruprecht) 1975

D. E. Zimmer: Die Vernunft der Gefühle. Ursprung, Natur und Sinn der menschlichen Emotion. München (Piper) 1981

Liebe, Lust und Leidenschaft

Lonnie Barbach
Mehr Lust
Gemeinsame Freude an der Liebe
rororo sachbuch 8378

Nathaniel Branden
Liebe für ein ganzes Leben
Psychologie der Zärtlichkeit
rororo sachbuch 7867

Carol Cassell
**Die Sehnsucht nach dem
siebten Himmel**
Frauen zwischen Liebe und Sexualität
rororo sachbuch 7997

Elisabeth Flitner/Renate Valtin
(Herausgeber)
Dritte im Bund: die Geliebte
Über das Leben im Beziehungsdreieck
rororo sachbuch 8432

Peter Lauster
Die Liebe
Psychologie eines Phänomens
rororo sachbuch 7677

John Selby
Einander finden
Übungen zur Psychologie der Begegnung
in Freundschaft, Beruf und Liebe
rororo sachbuch 7991

ro ro ro
SACHBUCH

C 2335/1

Peter Lauster

Lassen Sie der Seele Flügel wachsen
Wege aus der Lebensangst
(7361)

Die Liebe
Psychologie eines Phänomens
(7677)

Lebenskunst
Wege zur inneren Freiheit
(7860)

Wege zur Gelassenheit
Souveränität durch innere Unabhängigkeit
und Kraft (7961)

Liebesgefühle
Texte und Bilder (8365)

ro
ro
ro
sachbuch

C 2128/3

Lernprogramme

Eine
Auswahl

sachbuch
rororo

C 2177/2

Lernprogramme

Eine Auswahl

Kurt Werner Peukert
Sprachspiele für Kinder
Programm für Sprachförderung in
Vorschule, Kindergarten, Grundschule und
Elternhaus (6919)

Friedemann Schulz v. Thun
Miteinander reden
Störungen und Klärungen. Psychologie
der zwischenmenschlichen
Kommunikation (7489)

L. Schwäbisch/M. Siems
**Anleitung zum sozialen Lernen für
Paare, Gruppen und Erzieher**
Kommunikations- und Verhaltens-
training (6846)

Martin Siems
Dein Körper weiß die Antwort
Focusing als Methode der Selbsterfahrung.
Eine praktische Anleitung (7968)

F. Teegen/A. Grundmann/A. Röhrs
Sich ändern lernen
Anleitung zu Selbsterfahrung und
Verhaltensmodifikation (6931)

Allan Watts
OM
Kreative Meditation
(7882)

Brigitta Wistrand
Dies ist mein Leben
Persönliche Selbstentfaltung und
beruflicher Erfolg (8337)

sachbuch
rororo

C 2177/3 a

neue frau

Eine
Auswahl

ro
ro
ro

C 912/10 c

rororo

C 912/10 e